AF499219

PRINCIPES
DE TOUT
GOUVERNEMENT.

TOME PREMIER.

par C. F. J. d'Autiroy

(d'après Barbier)

2606

PRINCIPES
DE TOUT
GOUVERNEMENT;
OU
EXAMEN DES CAUSES
de la splendeur ou de la foiblesse de tout État considéré en lui-même, & indépendamment des mœurs.

TOME PREMIER.

A PARIS.

Chez J. Th. Herissant Fils, Libraire, rue S. Jacques, à S. Paul & à S. Hilaire.

M. DCC. LXVI.

Avec Approbation & Privilège du Roi.

PRÉFACE.

DANS la recherche que j'ai faite des causes de la splendeur ou de la foiblesse des Etats, j'ai préféré à toutes les autres méthodes, la méthode mathématique, qui méne l'esprit du simple au composé. Elle m'a toujours semblé la plus conforme à la nature de l'esprit humain; & je crois même pouvoir dire qu'elle est la seule qui puisse le conduire à la certitude.

Il me paroît sur-tout qu'on ne peut pas se refuser à la

reconnoître pour la plus convenable, lorſqu'il eſt queſtion d'examiner des objets compliqués, tels que celui que je me ſuis propoſé de traiter.

Le plan général de l'Ouvrage a été fait ſur ce principe. Le commerce extérieur, les mœurs, les loix civiles peuvent ſans doute autant contribuer à la force & au bonheur d'une Nation, que l'agriculture, le commerce intérieur, & les loix politiques; cependant, pour diminuer les difficultés en ſimplifiant le ſujet, & pour rendre les vérités plus ſenſibles, en les faiſant naître de principes plus diſtincts & moins nombreux, je ne me ſuis occupé que de ces dernieres ſources de la proſpérité des peuples. J'ai conſidéré l'Etat, indépendamment de ſes voiſins, de ſes mœurs, & des différentes loix de juſtice diſtributive qui peuvent y être adoptées.

J'ai ſuivi, dans l'exécution, le principe ſur lequel ce plan a été formé. Après avoir jetté un coup d'œil ſur les déſordres & les malheurs qu'éprouveroit une peuplade ſans gouvernement & ſans loix [déſordres qui prouvent la nécessité d'une hiérarchie ; & de la formation de toute peuplade en corps politique] je me suis attaché à examiner la constitution la plus simple que l'on puisse supposer à un Etat naissant. C'est celle que choisiroient infailliblement, dans le premier instant de leur réunion, plusieurs familles libres, qui se rassembleroient volontairement pour former une Nation, puisque c'est le premier pas des sociétés politiques dans l'ordre de la nature.

On trouve que, dans l'Etat le plus simple où l'on puisse supposer une Nation agricole, elle renferme néceſſairement cinq ſortes de claſſes ou de conditions : celle des Cultivateurs, qui eſt la baſe de tout, & pour laquelle toutes les autres claſſes ſemblent devoir être faites ; celle des ſuprêmes Magiſtrats ; celle des Commandans en ſous-ordre ; celle des Suppôts de Juſtice, & enfin celle des Ouvriers de néceſſité.

C'eſt ſous cette forme que je conſidére d'abord une ſociété naiſſante. Après avoir fait ſentir les cauſes naturelles de l'établiſſement de chacune de ces cinq claſſes, & l'effet ſucceſſif de l'action de ces cauſes, j'examine les chocs & les réactions réciproques de ces claſſes différentes; ce que produit l'accroiſſement ou le décroiſſement de chacune d'elles priſe en particulier; ce qui réſulte de leur accroiſſement général, ou des progrès de la population totale dans l'Etat; enfin le plus ou moins d'aiſance où ſe trouve la Nation, ſuivant la qualité du ſol qu'elle occupe, & le plus où le moins de travail que ce ſol exige.

Dans cet examen, on a ſous les yeux la baſe de tout Etat cultivateur, quel que l'on puiſſe le ſuppoſer. Elle ſe préſente dépouillée de toutes les circonſtances qui pourroient empêcher de la voir nettement, & embarraſſer dans le jugement qu'on en doit porter. On voit le jeu de ſes parties, & l'on découvre par ce moyen les vrais principes qui doivent invariablement ſervir de régle à toute Légiſlation politique.

L'aiſance des premiers hommes a fait naître les arts, les métiers de commodité, & enfin le luxe. Après avoir donc conſidéré les claſſes néceſſaires à l'Etat, je paſſe à l'établiſſement des Artiſtes, & à celui de toutes les autres claſſes de Citoyens que l'on découvre chez les peuples nombreux & opulens. Je cherche à en expliquer les progrès successifs; j'examine les mouvemens que ces nouvelles classes occasionnent, & les effets qu'elles doivent produire sur les premieres classes fondamentales de l'Etat.

Il paroît que toutes ces classes nouvelles, à l'exception de celles des Commerçans, ne sont que des classes parasites, qui gênent & affoiblissent d'autant plus le corps politique, qu'elles deviennent plus fortes, ou qu'elles se multiplient davantage;

ce qui non-ſeulement eſt vrai à l'égard d'un Etat iſolé, mais l'eſt encore exactement de même à l'égard de tout Etat qui ne trouve pas une ſource de puiſſance dans ſon commerce extérieur, & qui n'a pas l'art ou la facilité d'aller échanger chez ſes voiſins, contre des choſes utiles, les objets de luxe qui ſe fabriquent chez lui.

Ces claſſes cependant doivent être tolérées, parceque les cauſes de leur établiſſement ſont dans la nature même. Elles doivent leur naiſſance à l'abondance & à la félicité dont les Citoyens jouiſſent. Ainſi on ne peut les empêcher de naître, ſans contraindre le Citoyen, & ſans lui ôter une partie de ſon bonheur, & de la liberté qu'il doit avoir dans l'uſage de ſes richeſſes & dans l'emploi du fruit de ſes travaux.

Quand elles ſont établies ; on ne peut pas les détruire, ſans cauſer un bouleverſement général. On ne pourroit travailler à les reſſerrer peu-à-peu, ſans tomber dans les mêmes inconvéniens que l'on rencontre, lorſqu'on veut les empêcher de ſe former, & ſans plonger dans l'infortune une partie des Citoyens qui la composent : ce qui, conséquemment, diminueroit la population.

Mais si ces classes doivent être tolérées, tout le monde sentira combien le Gouvernement doit être éloigné de les favoriser, parcequ'il ne peut le faire qu'au préjudice des classes nécessaires ; & ce sont celles-ci qui doivent lui être vraiment cheres.

Après avoir amené le corps politique au même point de formation où l'on voit les grandes Nations de l'Europe, j'examine par quelles voies il pourroit parvenir au plus haut degré de splendeur possible,

& les obstacles qui pourroient arrêter son accroissement, ou le faire déperir. Ce que j'expose la-dessus est exactement applicable à tous les peuples de l'Univers, & par-là me paroît digne de quelque attention.

Je trouve que tout découle d'un principe unique & général. La stabilité de chacune des classes particulieres qui composent une Nation, en assurant le sort des Citoyens, est la cause unique de la prospérité de tout Etat, du moins à le considérer isolé. Par la même raison, tout mouvement, tout reversement d'une classe

classe sur une autre, toute vicissitude, causent des pertes; lorsqu'ils se multiplient, l'Etat tend à sa ruine, & leur excès en entraîne la chûte.

Les causes politiques, qui produisent des mouvemens généraux & destructeurs dans les Etats, sont en grand nombre. Les variations dans la masse & dans la valeur des monnoies, les changemens de goûts & de modes, la variété toujours mobile des impôts, les opérations des Finances, les altérations du commerce intérieur, en sont des sources continuelles. L'objet est donc, lorsqu'on veut assurer en même temps le bonheur & la prospérité des peuples, d'arrêter ces mouvemens autant qu'il est possible, de les contrebalancer & de les tempérer, lorsqu'on est obligé de les employer ou de les souffrir.

Il est aisé de s'assurer par l'expérience de la vérité de ces principes. On ne voit que trop fréquemment arriver, dans les Etats d'Europe, de ces vicissitudes ruineuses qui causent la perte d'une partie des Citoyens. Le luxe change continuellement d'objet; les modes varient avec rapidité : delà le sort de l'Ouvrier de luxe eſt toujours incertain. On voit à chaque moment une partie d'entr'eux tomber inopinément dans le beſoin, parce-qu'on ne demande plus de leurs ouvrages, tandis que les autres ſe trouvent dans une abondance inattendue par le plus de recherche qu'on fait des leurs. Les Ouvriers malheureux ne ſçavent à quel objet s'attacher, pour s'aſſurer leur ſubſiſtance ; pluſieurs d'entr'eux ne ſont plus en état d'embraſſer une profeſſion nouvelle : une partie périt dans la ſouffrance, une autre ſe diſſipe, & l'Etat perd des Citoyens. L'abondance dont jouiſſent les Ouvriers heureux, ne dédommage point l'Etat de cette perte; leur population n'en augmente point, parceque cette abondance ne doit être que paſſagere, & ſi par l'événement elle ſe trouve être durable, elle ne produit rien de mieux, parceque l'Ouvrier qui connoît l'inſtabilité de ſon ſort, n'oſe jamais ſtatuer ſur rien.

La découverte du Pérou fit baiſſer la valeur de l'argent, & fit conſéquemment perdre aux contrats de rente une partie de leur valeur; ce qui étoit déja un grand mal, & gênoit quantité de familles. Au lieu de contrebalancer ce mouvement, en augmentant la valeur de la livre numéraire, on l'à rendu plus violent, en la rabaiſſant à différentes répriſes, au point que les anciens contrats ne repréſentent en quelque ſorte plus rien. Par-là, on a cauſé la ruine & l'extinction d'une multitude de familles, qui devroient être encore dans l'Etat.

Que le commerce paſſe d'une Ville dans une autre, on voit bien-tôt, dans la Ville qui le perd, une quantité de familles qui ſont ruinées & qui s'éteignent. Le bas-peuple étant moins employé, parceque les gens aisés sont devenus moins nombreux & ont moins de fonds, ne reçoit plus ce qui lui est nécessaire pour subsister. Ainsi une partie considerable de ce bas-peuple tombe nécessairement dans le besoin ; le plus grand nombre y succombe, d'autres s'expatrient, & de ceux-ci naissent les vagabonds. La Ville qui gagne l'avantage du commerce, augmente sans doute en Citoyens, mais elle n'augmente certainement jamais aussi promptement que l'autre diminue : ainsi il est un temps où l'Etat est en perte.

D'ailleurs chacune de ces Villes auroit du s'accroître, & l'Etat perd pour toujours l'accroissement de population qu'auroient dû donner les Habitans malheureux de la ville que le commerce a quittés.

On peut examiner telle vicissitude que l'on voudra, on y trouvera toujours un effet destructeur, qui ne cesse qu'avec elle.

Je ne crois pas avoir besoin de chercher à expliquer les causes pour lesquelles les mouvemens occasionnés par la posée des impôts & par les opérations des Finances, sont ruineux, &

font éteindre des familles de Citoyens: tout le monde semble les connoître.

Il n'eſt pas néceſſaire de recourir à l'autorité des loix, pour renfermer les différentes claſſes d'un Etat dans les bornes convenables. La nature cherche à les tenir toutes fixées à la juſte proportion où elles doivent être les unes à l'égard des autres, pour procurer le plus grand bien général. Lorſqu'elles ſortent de cette proportion, elle travaille efficacement à les y ramener: deſorte que, ſi elle agiſſoit ſeule, & qu'elle ne fût pas contrariée par la légiſlation

giſlation politique, elle porteroit chaque Etat au plus haut point de ſplendeur & de force où il puiſſe jamais parvenir.

Je le prouve dans cet Ouvrage relativement à un Etat iſolé. Par ce que je dis de l'accroiſſement naturel de ſa population, & des progrès de toutes les différentes claſſes d'utilité & d'agrément qu'on verroit néceſſairement ſe former dans ſon ſein, il paroît évident que la nature le porteroit d'elle-même au plus haut degré de puiſſance poſſible, ſi elle n'étoit pas arrêtée par la légiſlation, & par les préjugés destructeurs que cette législation ne fait naître que trop souvent.

Cet Etat se verroit nécessairement monter au plus haut degré de force possible, puisque sa population ne cesseroit de s'accroître, que lorsqu'il n'y auroit plus de nouvelles terres à défricher, ni de moyen connu pour rendre le sol plus fécond par plus de travail ou d'industrie. Sa population n'auroit jamais d'autres bornes que celles que lui donneroient l'étendue & la qualité du terrein.

Le peuple y jouiroit de tous les agrémens des arts &

du luxe, au plus haut point où la nature de ſon ſol pourroit lui permettre d'en jouir; puiſque dans tous les temps, l'étendue du luxe & des arts ſeroit proportionnée à la force de la population, & à la fécondité des terres : il en jouiroit d'une maniere ſtable & qui ne ſeroit point ruineuſe.

Il eſt vrai que, ſi ce peuple avoit à habiter une terre ingrate, il ne connoîtroit preſque point les objets de pur agrément; mais il eſt évident qu'un peuple, dans cette ſuppoſition, ne peut vouloir nourrir chez lui des Artiſtes & des Ouvriers de luxe, ſans tomber, dès les premiers inſtans, dans des malheurs qui cauſeroient ſa ruine.

Pour peu que l'on veuille y donner d'attention, on verra que la nature a donné à tous les Peuples, qui exiſtent dans l'Univers, toutes les ſources d'accroiſſement & de ſplendeur que nous découvrons dans une Nation iſolée quelconque. Tout ce que nous avons dit au ſujet de cette derniere, leur eſt exactement applicable. Les différentes claſſes qui les compoſent, ont les mêmes loix d'équilibre, & les mêmes cauſes de mouvement. Ainſi, pour parvenir au plus haut point de grandeur poſſible, & pour établir le bonheur général au plus haut degré, ils n'ont qu'à étudier la nature, la ſuivre, & la ſeconder.

Par la diſcuſſion des diverſes cauſes qui agiſſent ſur un Etat, lorſque toutes les claſſes différentes dans leſquelles ſe partagent les Citoyens, s'y trouvent formées, lorſqu'elles ont pris tout leur accroiſſement, & que l'uſage des monnoies y eſt déja généralement introduit, il ſe trouve établi que les loix de la nature, tendant en toutes circonſtances à ramener les choſes à un juſte équilibre, affoibliſſent conſtamment, & arrêtent à la fin tous les mouvemens deſtructeurs qui ont pu être occaſionnés dans un Etat : ce qui le fait conſéquemment revenir à la meilleure ſituation où il puiſſe être, pour réparer les pertes que ces mouvemens lui ont cauſées.

Mais lorſque ces mouvemens ont été exceſſifs & multipliés, lorſque le mal eſt devenu extrême, la nature qui n'agit preſque toujours qu'avec lenteur, ne peut parvenir qu'après bien du temps à rétablir entiérement l'équilibre néceſſaire entre les différentes classes : c'est à la sagesse du Législateur à l'aider dans ses opérations, & à hâter le retour de cet équilibre heureux qui doit faire son principal objet.

Une multitude de causes extérieures, qui naissent des différens intérêts & des jalousies des Nations voisines, eû égard aux Etats non-isolés, rallentissent encore & empêchent le retour de cette stabilité des classes qui fait le bonheur des peuples ; & si le Législateur, au lieu de rallentir les mouvemens intérieurs qu'elles occasionnent, l'augmente par l'effet d'une légiſlation variable, l'Etat marchera ſans ceſſe vers ſa ruine.

Je ne parlerai point de ces cauſes extérieures, quoiqu'elles influent beaucoup ſans doute ſur le bonheur & la proſpérité des Nations : je ne les ai point compriſes dans mon plan, & j'en ai expoſé la raiſon. Je me réſerve à en faire le ſujet d'un autre Ouvrage, qui vraiſemblablement ſuivra de près celui-ci.

TABLE
SOMMAIRE
Du premier Volume.

CHAPITRE PREMIER.

L'Etablissement de la Société, nécessaire à la conservation, au bonheur & à la multiplication des hommes; soit qu'on en considére la totalité; soit qu'on les veuille considérer separément.

ARTICLE PREMIER.

ARTICLE III.

ARTICLE IV.

ARTICLE V.

ARTICLE VI.

CHAPITRE III.

Naissance & progrès des Arts & Métiers de luxe.

ARTICLE PREMIER.

ARTICLE II.

ARTICLE III.

ARTICLE IV.

ARTICLE V.

ARTICLE VI.

ARTICLE VII.

CHAPITRE IV.

Des possessions des terres.

ARTICLE PREMIER.

ARTICLE II.

ARTICLE III.

ARTICLE IV.

CHAPITRE V.

Des Monnoies.

ARTICLE PREMIER.

ARTICLE II.

ARTICLE III.

ARTICLE IV.

ARTICLE V.

ARTICLE VI.

ARTICLE VII.

ARTICLE. VIII.

Fin de la Table Sommaire du premier Volume.

TABLE

TABLE SOMMAIRE

Du ſecond Volume.

CHAPITRE VI.

Du Commerce intérieur.

ARTICLE PREMIER.

ARTICLE II.

ARTICLE III.

ARTICLE IV.

ARTICLE V.

Article VII.

Avantage du Commerce en gros. 54

ARTICLE VIII.

Article IX.

ARTICLE X.

ARTICLE XI.

CHAPITRE VII.

Du taux de l'argent & du prix des terres.

ARTICLE PREMIER.

ARTICLE II.

ARTICLE III.

ARTICLE IV.

CHAPITRE VIII.

Du luxe.

ARTICLE PREMIER.

ARTICLE II.

ARTICLE III.

ARTICLE IV.

ARTICLE V.

On

ARTICLE VI.

ARTICLE VII.

ARTICLE VIII.

ARTICLE IX.

CHAPITRE IX.

De l'Impôt, de sa posée & de ses effets.

ARTICLE PREMIER.

Article II.

ARTICLE III.

ARTICLE IV.

ARTICLE V.

ARTICLE VI.

Quelquefois

ARTICLE VII.

ARTICLE VIII.

Article IX.

ARTICLE X.

ARTICLE XI.

CHAPITRE X.

Des Finances.

ARTICLE PREMIER.

ARTICLE II.

ARTICLE III.

ARTICLE IV.

CHAPITRE XI.

De l'Etat considéré dans sa plénitude de population.

Fin de la Table du second Volume.

PRINCIPES DE TOUT GOUVERNEMENT.

CHAPITRE PREMIER.

L'Etablissement de la Société, nécessaire à la conservation, au bonheur & à la multiplication des hommes ; soit qu'on en considere la totalité ; soit qu'on les veuille considérer separément.

ARTICLE PREMIER.

Le frein des loix est nécessaire aux hommes.

L'HOMME naît avec l'amour de sa conservation : amour actif, qui le porte à se procurer tous Premier mobile du cœur humain relativement à lui même.

CHAP. I.

les objets qui y ſont propres, ou qu'il eſtime tels.

Effet de ce mobile.

Ce ſentiment inné le met dans un état de guerre continuelle avec ſes ſemblables, qui convoitent les mêmes choſes que lui : état de guerre d'autant plus violent, qu'il ſe trouve un plus grand nombre d'hommes ſur un même terrein; puiſque les chocs de concurrence ſont toujours proportionnels à ce nombre.

Le ſoin de leur conſervation a dû réunir les premiers hommes.

De ce principe il ſuit, que ſi une quantité quelconque d'hommes ſe trouvent à portée les uns des autres, ils ne pourront avoir leur ſubſiſtance & leur vie même, aſſurées; qu'autant que, par un intérêt commun, ils conviendront enſemble de quelques droits de propriété; & qu'ils donneront à un, ou à pluſieurs d'entr'eux, l'autorité néceſſaire pour les faire reſpecter.

Chap. I.

Tableau d'une conglobation d'hommes entre lesquels il n'y auroit aucune association.

Le droit de propriété, le plus naturel sans doute, est que tout homme jouisse du fruit de ses travaux ; que chacun ait pour soi les fauves qu'il aura tuées, les fruits sauvages qu'il aura recueillis. Il semble qu'il n'est pas besoin de loi à ce sujet ; cependant si à la loi faite, on n'ajoutoit pas la force nécessaire pour la maintenir en vigueur, & pour punir les réfractaires, il arriveroit que, quand le plus fort verroit une proie entre les mains du plus foible, il la lui arracheroit, dès qu'il jugeroit que par la supériorité de ses forces, qu'il lui seroit moins pénible de la lui enlever, que d'en aller chercher une autre : & de cette attaque du plus fort, il résulteroit un combat, toutes les fois que le plus foible présumeroit assez de soi, pour juger que, tout compté, le combat lui ſeroit plus avantageux, que l'abandon de la proie qu'il ſe ſeroit appropriée.

De ces combats, naiſſent les haines, les animoſités & les vengeances; on voit par-tout couler le ſang; le plus fort n'eſt pas plus en ſûreté que celui qui l'eſt le moins. Tout homme comparé à un autre, eſt plus fort ou plus foible, ſuivant ſes relations. Celui qui a intrinſéquement plus de force perſonnelle, ſuccombera ſous ſon adverſaire, ſi ce dernier le ſurprend, ou l'attaque avec avantage. Deux foibles, maltraités ſéparément, ſe réuniront contre un fort, qu'ils feront périr; & l'inſtant d'après devenus ennemis, ils verſeront le ſang l'un de l'autre.

Un Pays ſans loix, ſera toujours un affreux déſert; où, tourmentés ſans ceſſe par la crainte

& par la fureur, les hommes, en petit nombre, feront certainement très-malheureux. Je crois même pouvoir dire qu'ils feroient les plus infortunés de tous les êtres.

ARTICLE II.

De la Société considérée dans sa naissance & dans l'état le plus simple.

Forme de Gouvernement la plus simple.

A supposer que ce soit à un seul homme que les nouveaux Citoyens, que je considére, veuillent confier le maintien des loix auxquelles la nécessité les contraindroit de se soumettre : celui qu'ils choisiroient pour cet emploi, seroit sans doute celui qu'ils jugeroient le plus capable d'entr'eux. On voit par-là qu'il devroit être le plus favorisé de tous les membres de la Société, &

jouir de toutes les préférences.

CHAP. I.

On trouve encore partout des traces du premier état des sociétés naissantes.

Si la Société étoit trop petite, & les loix peu nombreuses, le Chef pouvant remplir par lui-même tous ses devoirs, il n'y auroit point d'ordre hiérarchique. Les choses pourroient être telles, que ses occupations, en tant que Chef, lui laisseroient le temps de travailler comme particulier. Son devoir seroit alors de montrer à ses sujets l'exemple de tout ce qu'ils doivent faire. C'est-là positivement l'état où nous avons trouvé, & où l'on voit encore une partie des sociétés de Sauvages dans l'Amérique septentrionale. C'est encore ce qui se voit dans toutes les associations que les Voleurs & les Contrebandiers forment au milieu de nos forêts.

Je pourrois faire voir, en suivant cette route, tous les pas qui peuvent, ou qui doivent avoir amené les grandes ſociétés à l'état où nous les voyons aujourd'hui. Mais pour abréger des détails, qui ne peuvent être d'aucune utilité dans les circonſtances actuelles, je vais examiner ce qui devroit néceſſairement arriver à pluſieurs milliers de familles, toutes libres, qui connoîtroient & qui aimeroient l'agriculture, ainſi que tous les métiers qui y ſont néceſſairement liés. Je leur ſuppoſerai du bétail, des outils, des grains, & tout ce qu'il leur faut pour cultiver un pays étendu.

CHAPITRE II.

Etabliſſement de la Hiérarchie & des autres Claſſes néceſſaires à un Peuple cultivateur.

ARTICLE PREMIER.

Des prépoſés au maintien de l'Ordre public.

Du Chef en ſa qualité de dépoſitaire des loix.

Premiere condition.

QU'ON ſe repréſente un nombre conſidérable de familles dans la diſpoſition d'état & de connoiſſances que je viens d'établir : il faudra, dès le premier inſtant, qu'elles ſe choiſiſſent un Chef pour veiller à leur ſûreté, & pour maintenir les droits de propriété qu'elles jugeront à propos de mettre en vigueur. Ces droits s'étendront au moins juſque ſur les fruits des champs qu'on aura cultivés. Chaque famille, en chargeant ce Chef du maintien de l'Ordre, s'obligera de lui fournir une partie des fruits qu'elle récueillera. Cette partie sera telle, au moins, que la somme des rétributions se trouvera proportionnelle à la nature & à la quantité des soins du Chef.

Des Commandans en sous-ordre ou Gentils-hommes.

Seconde condition.

Le Chef étant supposé commander à un peuple trop nombreux, pour qu'il puisse suffire à tout voir & à tout entendre par lui-même, sera obligé de se choisir des Commandans en sous-ordre, à qui il confiera une partie de son autorité, & sur qui il se reposera d'une partie de ses fonctions. Naturellement ce sera les hommes les plus capables, qui devront être choisis pour cet objet. Par cette raison, ainsi que par celle de l'importance de leurs travaux & du droit qu'ils auront de commander aux autres Citoyens, il faudra qu'ils trouvent un bien-être dans leur emploi; c'est-à-dire qu'ils soient plus favorisés, & qu'ils vivent dans une plus grande aisance que le reste des membres de la Société. Cette aisance leur sera donnée par la répartition que le Chef fera sur eux d'une partie des fruits qu'il retirera des Cultivateurs.

Qu'on appelle ce Chef, ROI, ou PROTECTEUR : que son autorité soit restreinte ou illimitée : que la souveraine puissance soit divisée, ou répartie entre plusieurs personnes indépendantes les unes des autres; telle qu'elle le fut chez les Romains, entre les Consuls, les Tribuns & les Censeurs; ou qu'elle soit concentrée dans un seul Corps, qu'on nommera *Sénat* ou *Parlement* : tout cela ne fait rien à la maniere dont je vais envisager l'Etat. Pour me rapprocher des usages reçus, je donnerai le nom de *Prince* au Particulier, ou au Corps qui aura la Puiſſance ſouveraine; & celui de *Gentil-homme* à ceux qui, ſous les ordres du Prince, participeront au Gouvernement.

Des Gens de contrainte. Troiſieme condition.

Le Prince & le petit nombre de Gentils-hommes employés à gouverner ſous-lui, ne doivent pas être obligés à réprimer de leurs perſonnes les Réfractaires aux loix; autrement leur condition ſeroit la plus malheureuſe de toutes. Il ſera donc pris parmi le Peuple des hommes prêts à ſe porter par-tout au premier ordre de ceux qui ſont en autorité, pour notifier la volonté des maîtres, pour contraindre à l'obéiſſance les auteurs des déſordres; & pour les forcer, s'il le faut, en combattant, à ſubir les peines auxquelles ils auront été condamnés. Ces Gens ſont ce qu'on

CHAP. II. appelle parmi nous *Huissiers*, *Maréchaussée*, *Soldat*, &c.

Comme les fonctions de ces derniers ne demandent aucune capacité, qu'ils ne servent en quelque sorte que de leur Corps, ils ne doivent avoir aucune prééminence sur le reste des Citoyens. Si l'on en forme des Corps à qui l'on donne des Chefs ou Officiers: ceux-ci, étant toujours censés choisis pour leur mérite, & étant établis pour commander, seront visiblement de la classe des Gentils-hommes.

Devoir de l'Officier vis-à-vis leurs Subordonnés.

On remarquera que, si l'Etat donne aux Soldats des Chefs d'un entretien onéreux pour leur commander; c'est dans la vue de procurer le bonheur des premiers; c'est pour que, dans leurs opérations, la volonté de chacun d'eux se trouvant réunie & déterminée par celle du Chef, ils agissent avec plus de force, & parviennent avec plus de facilité à leur but; c'est pour que ces Chefs, qui forment dans ces Corps une Hiérarchie particuliere, y fassent regner cette paix intérieure qui est le fruit de la subordination; & pour qu'ils emploient toute leur intelligence à procurer à leurs Subordonnés tout le bien-être dont leur condition les rend susceptibles. C'est l'Officier qui a été créé pour le Soldat; & non le Soldat pour l'Officier. C'est sous ce point de vue, que celui-ci est tenu de considérer ce qu'il doit à ses inférieurs.

Article II.

Diſtribution naturelle des Travailleurs en Colons & en Ouvriers, des premieres néceſſités, premier mouvement des différentes Claſſes qui s'établiront.

Etabliſſement des Ouvriers proprement dits.

La culture des terres demande différens outils & engins : elle demande qu'on ſçache bâtir au moins des hangards pour y conſerver les denrées. Ces familles à qui j'ai ſuppoſé tout ce qui eſt néceſſaire pour la culture, auront donc parmi elles des Ouvriers en fer ; d'autres qui ſçauront bâtir, &c.

Dans les différentes claſſes d'Ouvriers, les profits ſeront proportionnés aux peines.

Les Ouvriers en fer éleveront des atteliers, & échangeront les outils qu'ils auront forgés, contre des denrées que les Cultivateurs, à qui ces outils ſont néceſſaires, ſe trouveront obligés de leur donner. Si le nombre des Ouvriers en fer étoit trop petit, comparé à celui des Cultivateurs, les Forgerons feroient des échanges très-avantageux ; ensorte qu'au bout de l'année ils se trouveroient plus riches en denrées que les Cultivateurs, ou qu'ils auroient travaillé beaucoup moins. Ce dernier événement auroit lieu, si le Forgeron n'avoit aucune voie ouverte pour employer ce qu'il pourroit acquérir de denrées, au-delà de ce qui lui est nécessaire pour la consommation de sa famille. Dans l'un & l'autre cas, l'état de Forgeron seroit de beaucoup meilleur que celui de Cultivateur. Le mieux-être qu'on appercevroit dans cet état, feroit passer continuellement des Cultivateurs au métier de Forgeron, jusqu'à ce que, par une proportion juste, établie entre le nombre des uns & des autres, l'outil ne s'échangeât plus que contre une quantité de grains, qui eût coûté la même peine à faire venir, que l'outil à forger; jusqu'à ce qu'enfin le Cultivateur & le Forgeron, en travaillant également, se vissent la même quantité de denrées.

On appelle équilibre moral, cette égalité de profits à travail égal. Deux classes d'Ouvriers sont en équilibre entr'elles, lorsque, dans l'une & dans l'autre, l'Ouvrier en travaillant également, reçoit le même salaire.

L'équilibre des classes emporte nécessairement l'équilibre dans la valeur des choses, si la classe du Charpentier est en équilibre avec celle du Forgeron; c'est parceque l'ouvrage de l'un & de l'autre, se vend à proportion de la peine qu'il a coûté à faire.

Ce

Ce que nous avons vu devoir arriver à la classe des Ouvriers en fer, arriveroit de même à toutes les autres classes d'Ouvriers. Elles se mettroient toutes en équilibre avec la classe des Cultivateurs : ainsi elles se trouveroient toutes en équilibre entr'elles.

Les différentes classes de Cultivateurs, éprouveroient la même chose. Si ceux qui cultivent les vignes avoient de l'avantage sur ceux qui cultivent les champs, on planteroit des vignes nouvelles ; une partie des Laboureurs se feroient Vignerons ; & une partie de Vignerons se feroient Laboureurs, si l'équilibre étoit rompu en faveur de ceux-ci. D'où l'on doit conclure que dans tout état, quel qu'il soit, toutes les classes d'Ouvriers, toutes les denrées, & généralement toutes

CHAP. II.

choſes, ſe mettent naturellement en équilibre.

Cependant l'équilibre moral n'eſt jamais parfait. Toutes les claſſes ſont ſans ceſſe dans un mouvement qu'on peut dire de vibration : elles s'éloignent de l'équilibre, y reviennent, & le perdent dans le ſens oppoſé ; mais elles s'en éloignent toujours de bien peu ; & leur mouvement eſt inſenſible, lorſque des cauſes accidentelles ne les troublent point.

Dans toutes les ſuppoſitions poſſibles, il s'y établira des Ouvriers, proprement dits.

Quand on voudroit ſuppoſer à chaque Particulier toutes les connoiſſances & tous les outils qu'il lui faut, pour pouvoir ſe donner lui-même en totalité les choſes qui lui ſeroient néceſſaires, la plûpart des hommes ne ſe fixeroit pas moins à un métier unique, comme nous voyons qu'il ſe fait en Europe. On ne peut pas dire, qu'alors, étant égal au Cultivateur de forger ſes outils, ou de les acquérir par l'échange d'une denrée qui lui coûte une peine ſemblable à faire venir, il s'en tiendroit à ce qu'il feroit lui-même ; & qu'il ne s'établiroit aucun Ouvrier, proprement dit ; les différentes inclinations des hommes ſuffiroient ſeules pour faire choiſir à chacun une eſpéce de travail différent. Si l'on fait attention que les hommes font toutes choſes avec d'autant plus de facilité, & qu'ils les font d'autant mieux, qu'ils les ont déja faites plus ſouvent : on verra que chacun trouveroit de l'avantage à ne s'occuper que de la même eſpéce de travail.

D'ailleurs, les Gentils-hommes qui ne travailleroient pas des mains, établiroient néceſſairement l'uſage des échanges, en

CHAP. II.

achetant des autres Citoyens; avec le ſurplus de leurs denrées, les choſes dont ils auroient beſoin. A conſidérer la choſe ſous ce point du vue, on trouve que ces échanges, dans le premier moment, ne pourroient qu'être avantageux aux gens de main-d'œuvre; & ils le ſeroient d'autant plus, que les Gentilshommes trouveroient plus difficilement à en faire. Il arriveroit de-là, qu'une partie de ces Cultivateurs artiſans, y voyant un bénéfice conſidérable, quitteroient bientôt les terres, pour n'être plus qu'Ouvriers.

Il réſulteroit même de cette ſuppoſition, que la véritable valeur de toutes choſes étant connue de tout le monde, les claſſes d'Ouvriers & de Cultivateurs, ſe mettroient plus promptement en équilibre.

CHAP. II.

Classes fondamentales de l'Etat.

L'Etat peut subsister, dès que les cinq sortes de conditions dont je viens de parler s'y trouvent établies ; je veux dire, qu'à considérer les choses dans leur essence, on ne voit pas qu'il y ait rien de nécessaire, ni même d'utile à la stabilité & à la force d'un Etat, que les Cultivateurs, les Ouvriers de nécessité, le Prince ou le Législateur, les Magistrats & les Soldats. Ce qui forme réellement le fond de tout Etat, c'est ceux qui travaillent, & ceux qui sont préposés pour maintenir l'ordre.

CHAP. II.

ARTICLE III.

Effet de la qualité du sol sur la prospérité d'un Etat naissant.

Dans plusieurs Pays, la mauvaise qualité du sol, s'opposera à la naissance des Arts.

SI le Pays que ces familles auroient à habiter étoit de peu de produit, les choses en resteroient nécessairement au point où je viens de les considérer ; on s'en tiendroit aux métiers de premiere nécessité ; les ouvrages en resteroient grossiers ; les arts & métiers de commodité & de luxe, ne pourroient pas naître. Le Chef, ne pouvant tirer que peu des Cultivateurs, ne pourroit entretenir que peu de Soldats, n'auroit sous lui que peu de Gentils-hommes ; & sa Cour seroit très-peu nombreuse.

Les Provinces froides de la Norvége, celles de Suéde & de Russie, où l'on trouve les derniers Cultivateurs en montant vers le Nord, sont positivement dans cet état, excepté qu'elles n'ont pas leur Roi au milieu d'elles.

Partant de ces points avancés dans le Nord, & marchant vers le Midi; on voit toujours le nombre des métiers & des arts augmenter, à mesure que les terres deviennent plus fécondes. On trouveroit encore la proportion bien plus exactement suivie, si des Capitales éloignées, des Gouvernements différents, des vicissitudes de Commerce, n'y mettoient de l'altération.

Supposé que dans la Nation nouvelle, que je considére, il n'y eût que la quantité de Gentilshommes & de Soldats nécessaires à l'utilité publique, les Citoyens y jouiroient de toute la félicité dont la nature & dont la qualité du ſol, qu'ils auroient à habiter, les rendroit ſuſceptibles. Ils ſeroient au point où le travail & les plaiſirs, tous deux également néceſſaires aux hommes, ſe trouvent le plus avantageuſement diſtribués. Pour peu que les terres ſoient fécondes, il reſteroit au Cultivateur, qui n'auroit point de Maître, & qui ne donneroit que peu à ſon Prince, plus de temps à donner à la joie & au repos, qu'il ne lui en faudroit pour en bien goûter la douceur, & pour réparer ſes forces. L'Ouvrier, par la loi de l'équilibre, jouiroit du même bien-être.

ARTICLE

ARTICLE IV.

A mesure que la population augmentera, la condition de tous les Travailleurs deviendra plus mauvaise.

A considérer les Travailleurs, collectivement, on trouve qu'à travail égal, ils gagnent d'autant moins, que la population devient plus forte.

PAR l'accroissement que donnera la population, l'état de tous les Citoyens deviendra toujours de moins en moins bon. On aura d'abord cultivé les meilleurs champs. Les hommes augmentant en nombre, on ira toujours en défrichant du moins fécond au moins fécond. La quantité moyenne du travail des Cultivateurs, augmentera donc avec leur multiplication.

Le travail moyen (1) augmen-

(1) On appelle travail moyen, la répartition idéale de la totalité des travaux d'une classe entiere d'Ouvriers, sur chacun de ceux qui la composent ; si cinquante mille Ou-

CHAP. II.

Dès que le travail moyen augmente dans une classe d'ouvriers, il doit par la loi de l'équilibre, augmenter dans toutes les autres classes de Travailleurs.

tant dans la classe des Cultivateurs, la loi de l'équilibre fera qu'il augmentera de la même quantité dans celle des Ouvriers; d'où il doit résulter que cette classe d'Ouvriers souffrira, & qu'elle ne peuplera pas autant qu'elle devroit naturellement le faire, si une partie des hommes qui la composent ne retournent pas aux terres. Car, ou les Ouvriers, pour se mettre au niveau des Cultivateurs, baisseroient d'eux-mêmes le prix de leurs ouvrages: ce qui est la seule façon dont leur travail moyen puisse augmenter; ou ceux-là, ne baissant pas leur prix, les Cultivateurs qui s'appercevroient que l'Ouvrier gagne plus qu'eux à travail égal, pas-

vriers travaillent trois mois par année, & cinquante mille autres neuf mois par année, en considérant les cent mille Ouvriers ensemble, leur travail moyen est de six mois par an.

feroient dans la claſſe des Ouvriers, & la feroient regorger. Dans le premier cas, les Ouvriers, obligés de vendre leurs ouvrages à meilleur marché, ne gagneroient plus par leur travail une quantité de denrées, qui pût ſuffire à leur nourriture; dans la ſeconde hypothèſe, ils ſe trouveroient bientôt plus malheureux encore.

L'Ouvrier n'a pas les mêmes reſſources dans ſon travail, que le Cultivateur, lorſqu'il reſte de nouveaux champs à défricher.

On ne peut pas dire que l'Ouvrier, en baiſſant le prix de ſon ouvrage, en ſeroit quitte pour travailler davantage. La quantité d'outils & de main-d'œuvre, eſt déterminée par la ſomme des beſoins des claſſes qui les emploient. Inutilement l'Ouvrier travailleroit-il à forger au-delà du beſoin, une quantité d'outils, que perſonne ne lui demanderoit.

Démonſtration des vérités précédentes.

Pour concevoir plus nettement la vérité de ce que je dis ſur les Ouvriers; ſuppoſons que dans le principe il y ait eu dans l'Etat huit cens mille Cultivateurs, & cent mille Ouvriers, qui, à travail égal, s'entretenoient mutuellement. Supposons que, par l'accroissement de la population, le nombre des uns & des autres fût monté au double, & que le moins de fécondité des derniers champs mis en valeur, eût augmenté d'un tiers le travail moyen de toutes les classes, le prix de la main-d'œuvre se trouveroit baissé d'un quart; & celui qui vivoit en forgeant trois outils par jour, seroit contraint d'en forger quatre, pour avoir la même quantité de denrées qu'auparavant. Si les huit cens mille Cultivateurs ne demandoient aux cent mille Ouvriers que trois cens mille outils par jour, supposant toute main-d'œuvre nécessaire réduite à ce terme, les seize cens mille Cultivateurs, dont nous parlons dans le cas de notre ſuppoſition, ne demanderont que ſix cens mille outils; & eu égard au baiſſement de prix des ouvrages, ces derniers Cultivateurs ne donneront, pour les ſix cens mille outils, que la même quantité de denrées, qu'on auroit donnée auparavant pour quatre cens cinquante mille. Mais dans les premiers inſtans, le prix des trois cens mille outils, faiſoit vivre cent mille Ouvriers; le prix de quatre cens cinquante mille au même taux, n'en pourra donc faire vivre que cent cinquante mille.

Si l'on compte par l'ouvrage, on trouvera la même choſe; il faut dans l'état ſix cens mille outils, chaque Ouvrier doit en faire quatre, il ne faut que cent cinquante mille Ouvriers. Cependant le nombre des Ouvriers ayant doublé, il s'y en trouve deux cens

CHAP. II.

mille ; il faut donc, ou qu'il y en ait cinquante mille qui retournent aux terres, s'ils ne veulent pas périr de misere, ou que toute leur classe endure la disette d'un quart du nécessaire : ce qui la mettroit dans un état de souffrance qui arrêteroit sa population naturelle ; & qui, diminuant le nombre de ses Agens, les réduiroit bientôt à la juste quantité qu'ils doivent être.

Les Mathématiciens pourront m'accuser ici d'inexactitude. Dans la supposition que je fais, il ne faut pas qu'il retourne précisément cinquante mille Ouvriers aux terres, pour rétablir l'équilibre entre leur classe & celle des Cultivateurs ; car si ce nombre y étoit retourné, il resteroit trop peu d'Ouvriers pour les Colons. La proportion exacte sera rétablie, si l'on fait retourner aux terres ſeulement quarante-cinq mille ſept cens quatorze Ouvriers, en négligeant la fraction, qui devient nulle lorſqu'il s'agit d'Etres que la diviſion détruiroit. J'ai cependant mis cinquante mille, pour ne pas trop allonger des calculs que tout le monde n'eſt pas en état de ſuivre, & pour rendre plus ſaiſiſſable la propoſition principale, en la ſimplifiant.

Plus la main-d'œuvre eſt à bon marché, plus il faut que l'Ouvrier travaille, pour gagner ſa ſubſiſtance; plus l'Ouvrier travaille, moins il faut d'hommes de ſa claſſe, pour faire une quantité déterminée d'ouvrage. Et comme nous l'avons vu, dans un état iſolé, la quantité de main-d'œuvre eſt déterminée par le nombre des Habitans.

Réponſe à l'objection qu'on pour-

On pourroit dire que plus le Cultivateur travaille, plus il con-

CHAP. II.

roit faire contre le principe précédent.

somme de choses nécessaires pour son Labour, & plus conséquemment il occupe d'Ouvriers. Mais si cela est vrai, & de quelque considération à l'égard de certaines professions, on pourra dire d'un autre côté, que plus le Cultivateur est pauvre, plus il se refuse de choses; plus les denrées lui coûtent de travail à acquérir, plus il les œconomise. De ces deux raisons, l'une compensera l'autre.

Loix qu'on a faites à la Chine pour fixer l'état des différentes classes d'Ouvriers, & pour prévenir les mouvemens dont nous venons de parler.

Si l'on avoit d'abord fait cette loi, que tant de gens souhaiteroient voir établie parmi nous, & qu'on nous dit l'être à la Chine, par laquelle il est ordonné aux enfans de rester dans la profession de leurs peres, la condition des Ouvriers resteroit longtemps meilleure que celle des Cultivateurs. Ces derniers n'ayant pas la faculté de passer à l'autre classe, les Ouvriers soutiendroient toujours leurs ouvrages au même prix ; ainsi vendant dans tous les temps une quantité d'ouvrages, proportionelle à leur nombre, qui ne peut augmenter qu'en raison égale de celui des Cultivateurs, ils retireroient de leur vente une quantité de denrées, proportionnelle à leur augmentation naturelle. De cette sorte, le travail moyen augmenteroit toujours dans la classe des Cultivateurs, sans augmenter dans celle des Ouvriers.

Cette loi ne peut fixer l'état des classes que pour un temps.

Mais quand les bornes du terrein en mettroient à l'accroissement des Colons, les deux classes reviendroient bientôt en équilibre ; parceque les Ouvriers continuant à augmenter, sans que les Cultivateurs augmentassent, ils ne pourroient plus vendre une quantité d'ouvrages proportionnelle à la progreſſion de leur population, & leur claſſe tomberoit néceſſairement en ſouffrance. De ce qu'il s'y trouveroit trop d'Ouvriers, il s'enſuivroit qu'une partie d'entr'eux reſteroit néceſſairement ſans débit de leurs ouvrages. Pour trouver à vendre, ceux qui éprouveroient ce malheur, ſe verroient obligés de baiſſer le prix des choſes qu'ils auroient travaillées. Ce baiſſement de prix rejetteroit leur malheur ſur d'autres, qui baiſſeroit le prix encore plus bas. La même cauſe ſubſiſtant toujours, ces prix continueroient à baiſſer, & le travail de l'Ouvrier viendroit au-deſſous de ſa véritable valeur; c'eſt-à-dire de celle qu'il devroit avoir par la loi de l'équilibre. Cet incident aura toujours lieu, tant qu'il y aura plus d'ouvrages que de demandes; plus de marchandiſes que d'acheteurs. Ce baiſſement de prix augmenteroit l'indigence commune de la claſſe des Ouvriers, & le mal dureroit juſqu'à ce que, le beſoin l'ayant fait diminuer, les Ouvriers ſe trouveroient réduits au nombre juſte qu'ils devroient être, pour fournir au beſoin du reſte des Citoyens. Alors le prix de leur main-d'œuvre hauſſeroit, & les Ouvriers ſe trouveroient en équilibre avec les Cultivateurs.

CHAP. II.

ARTICLE V.

Mouvemens naturels de la classe des Gentilshommes.

La classe des Gentils-hommes ne se ressent point de l'augmentation de travail moyen qu'occasionne la succession du défrichement.

LA classe des Gentils-hommes, dans laquelle il faut comprendre tous les gens de leur suite, tant ceux qu'ils emploient à leur service particulier, que ceux qui sont établis pour exécuter leurs ordres : cette classe, dis-je, ne se ressentiroit point du moins de fertilité des terres qu'on défricheroit successivement, si le Prince exigeoit de tous les nouveaux champs, qu'on mettroit en valeur, une rétribution semblable à celle qu'il a d'abord levée sur les premiers que l'on a cultivés. En effet, s'il prenoit par-tout une quantité de denrées proportionnées à la récolte, la quantité de denrées que le Prince recevroit, & qui est destinée à la classe dont je parle, se trouveroit toujours, à très-peu de chose près, proportionnée au nombre des Cultivateurs, proportionnée à la population générale; & conséquemment à la population particuliere de cette classe.

Les nouveaux Cultivateurs qui naîtront, ayant les mêmes besoins que les autres, seront forcés à réparer, par le plus de travail, ce que les nouvelles terres qui leur écherront, auront de moins en fécondité. Il faut que chacun d'eux, ancien ou nouveau, fasse croître à-peu-près la même quantité de denrées. Et l'impôt portant sur toute la masse de la récolte, son produit augmentera à-peu-près en même raison que le nombre des Cultivateurs.

Cependant, pour que ce qui

CHAP. II.

vient d'être dit au sujet de la classe des Gentilshommes, se trouve exactement vrai ; il faut, en suivant l'hypothèse que j'ai faite plus haut, supposer que les cinquante mille Ouvriers, qui se sont trouvés surabondans, lorsque la population a été doublée, sont retournés aux terres. Sans cela, la somme de la rétribution, ne suivant pas précisément le nombre des Cultivateurs, parcequ'à mesure que le travail moyen augmente, ceux-ci cultivent toujours un peu moins de denrées, la classe dont je parle, ne recevroit pas un surcroît de denrées exactement proportionné aux accroissemens que sa population naturelle lui donneroit ; elle souffriroit de quelque chose.

À mesure qu'on défrichera des terres moins fécondes, la mass-

La raison pour laquelle le Colon cultive moins, lorsque le travail moyen augmente dans l'Etat, c'eſt qu'il monte ſa culture ſur ce qui lui eſt néceſſaire pour lui, pour l'Ouvrier, & pour l'Impôt. A meſure que le nombre des Cultivateurs augmente, la main-d'œuvre, comme nous l'avons vu, baiſſant de prix, le Cultivateur paye l'Ouvrier avec moins de denrées, & en cultive conſéquemment un peu moins.

ſe des denrées deviendra plus petite, comparée au nombre des Cultivateurs.

Suppoſons que dans le principe la rétribution exigée des terres ait été du dixieme de leur produit; lorſqu'il y a eu huit cens mille Colons, ils auront cultivé ce qu'il falloit pour eux, pour les cent mille Ouvriers qu'ils occupoient; & un neuvieme de plus, qui forme le dixieme du total des denrées, pour le donner au Prince. Lorſqu'il y aura ſeize cens mille Cultivateurs, il feront croître enſemble ce qu'il faut de denrées pour eux, pour cent cin-

Démonſtration des vérités précédentes.

quante mille Ouvriers qui leur sont nécessaires; & un neuvieme de plus, pour la rétribution exigée. Dans le premier cas, les Cultivateurs & les Ouvriers font ensemble neuf cent mille hommes. Le Prince, ayant prélevé le dixieme de toutes les denrées, s'est trouvé en état de faire vivre cent mille hommes. La classe formée des Gentilshommes & de leur suite, a dû nécessairement se monter la-dessus. Dans le second cas, les Ouvriers & les Colons ensemble, ne forment que dix-sept cens cinquante mille hommes; le Roi, en prélevant le dixieme des denrées, ne reçoit plus que ce qu'il en faut à cent quatre-vingt-quatorze mille, au lieu de recevoir ce qu'il en faudroit à deux cens mille. Si la classe des Gentils-hommes & de leur suite a pris, comme la chose doit naturellement

naturellement arriver, le même accroiſſement que celle des Cultivateurs, elle ſouffrira la diſette d'un trente-ſixieme de ſon néceſſaire. Mais ſi les cinquante mille Ouvriers, qui ſe ſont trouvés ſurabondans, étoient retournés aux terres, cette claſſe ne ſouffriroit abſolument point: le Prince recevroit préciſément ce qu'il faut, pour l'entretien de deux cens mille hommes.

Il eſt avantageux dans les premiers momens d'étendre l'impôt ſur toutes les terres que l'on défriche.

Si le Prince, content du premier produit de la rétribution, ne l'étendoit pas à tous les nouveaux champs qui ſeroient ſucceſſivement défrichés, il feroit tort à l'Etat & à lui-même; par la raiſon que la quantité de denrées, deſtinées aux Gentilshommes & à leur ſuite, demeurant toujours la même, cette claſſe, dès les premiers inſtans, tomberoit en ſouffrance, par l'accroiſſement que lui donneroit ſa population naturelle. Ainſi, à ſuppoſer aux hommes qui la compoſent une répugnance auſſi invincible pour retourner aux terres, que celles qu'on voit à leurs ſemblables parmi nous, ils ſeroient obligés d'arrêter leur population, pour ne pas augmenter en nombre. L'Etat & le Gouvernement y perdroient des Citoyens & des forces.

Il eſt un point de défrichement où il faut baiſſer l'impôt.

Mais le nombre des Cultivateurs continuant à croître, à force de défricher, on en viendroit vraiſemblablement à des eſpéces de terres trop peu fécondes, pour pouvoir ſupporter, à proportion de leur produit, un impôt auſſi fort que le ſupportoient les premieres que l'on a cultivées. Si le Gouvernement, pour ſoutenir la claſſe des Gentilshommes, ne vouloit pas décharger ces dernieres terres d'une partie de la rétribution ordinaire, il les feroit abandonner. La classe des Gentilshommes n'en resteroit pas moins au même nombre, & l'on ôteroit à celle des Cultivateurs les dernieres ressources qu'elle auroit pour s'étendre.

Il est un point de défrichement où l'impôt doit s'arrêter.

Vers la fin du défrichement, on doit trouver des terres qui ne pourront supporter aucun impôt, qui ne rendront de profit au Cultivateur, que ce qu'il lui faut de denrées, pour vivre en les cultivant. Il est évidemment du bien du Gouvernement & du bien de l'Etat, de n'en exiger absolument rien.

CHAP. II.

ARTICLE VI.

Mouvemens que les viciſſitudes de l'impôt ſur les terres occaſionnent dans l'Etat.

A conſidérer l'impôt en lui-même, il ne paroit point deſtructeur.

DANS un Etat tel que je le conſidére, la rétribution exigée des terres, ou, ſi l'on veut, l'impoſition quelque grande qu'elle ſoit, pourvu qu'elle laiſſe au Cultivateur la poſſibilité de vivre commodément par un travail honnête, ne ſera nullement dépeuplante. Rien n'eſt plus vrai que le Proverbe, qui dit, que le Roi donne tout ce qu'il reçoit. Le Prince, ſa conſommation perſonnelle prélevée, donne toutes les denrées qu'il reçoit à ceux qu'il occupe à ſon ſervice particulier, & aux Gentilshommes, qui en entretiennent leur famille & leur ſuite.

CHAP. II.

Effet direct de l'impôt.

Tout ce qui résulteroit d'une imposition forte, c'est que le Cultivateur seroit obligé de travailler davantage. Si un Colon, pour se procurer le nécessaire, est obligé de cultiver neuf arpens, & qu'il soit imposé au dixieme, il en cultivera dix. S'il est imposé au tiers, il en cultivera treize & demi.

J'observerai que c'est apparemment cette considération qui a porté quelques Auteurs à comparer le Peuple à certaines bêtes de Somme, qui marchent d'autant mieux, qu'elles sont plus chargées. Mais personne ne peut nier qu'on ne soit obligé de mettre pour le moins des bornes à ce principe ridicule & barbare. Ces bornes sont celles que j'y ai mises. Il faut laisser au Cultivateur la possibilité de vivre commodément par un travail honnête, sans

CHAP. II.

quoi, il ſuccombe. On ne peut ignorer que la quantité du produit de la terre ne dépend pas totalement des travaux des hommes, & que leurs forces ne répondent pas toujours à leur volonté.

Plus l'impôt eſt fort, plus la claſſe des Gentilshommes augmente.

Plus l'impoſition eſt forte, plus il y aura de Cultivateurs qui quitteront les terres, pour vivre de ſon produit : cela ne peut être autrement. Le nombre d'hommes, dans chaque claſſe, eſt abſolument déterminé par la ſomme des denrées que la claſſe reçoit. Le Prince & les Gentilshommes emploieront du monde à leur ſervice, à proportion des denrées qu'ils recevront. Il eſt viſible qu'ils ne chercheront pas à en avoir, pour les laiſſer perdre. Plus il y aura d'hommes qui quitteront le travail des terres, plus la claſſe des Cultivateurs ſe trouvera foible, en comparaiſon des autres : plus chacun des Colons qui la compoſent, ſera obligé de travailler.

Quand je parle de la ſuite des Gentilshommes, on conçoit que je n'entends pas ſeulement leurs Domeſtiques particuliers, mais encore tous les Ouvriers qu'ils emploient, & qu'ils font vivre. En effet, ces Gens ſont, ainſi qu'eux, à la charge du Cultivateur ; puiſqu'ils vivent des denrées que les Gentilshommes reçoivent du Prince, & que le Prince tire des Colons. Si, dans la claſſe des Employés au Gouvernement, on comprend, outre ceux qui y ſont directement attachés, comme Gouverneurs, Juges, Suppôts de Juſtice, Soldats, Matelots, &c., ceux qui vivent encore en travaillant pour ceux-ci, on trouvera que cette claſſe d'Employés au Gouvernement eſt toujours proportionnelle à la force de l'impôt ; & que, dans toutes les autres claſſes, le nombre de ceux qui les compoſent, eſt toujours en équilibre avec la ſomme des denrées qu'elles reçoivent ; qu'enfin plus l'impôt eſt grand, plus on voit ſortir de Cultivateurs du travail des terres, plus leur claſſe ſe trouve petite en comparaiſon des autres, & plus il faut que les Colons travaillent pour donner la ſubſiſtance à tout le reſte des Citoyens. Revenons à notre ſujet.

Si ſur huit cens mille Cultivateurs on en ôte deux cens mille pour les attacher au Gouvernement, ou pour les occuper à telle choſe qu'on voudra, il faudra que les ſix cens mille Cultivateurs reſtans, faſſent entr'eux croître autant de denrées, qu'il en croiſſoit auparavant. Par-là, leur travail

vail

vail moyen eſt augmenté d'un tiers.

CHAP. II.

L'impôt diminue la force de la claſſe ſur laquelle il tombe, pour augmenter celle des Employés au Gouvernement.

L'effet de toute impoſition eſt de diminuer la claſſe ſur laquelle elle tombe, pour augmenter d'autant la claſſe de ceux qui ſont attachés au Gouvernement.

L'impôt n'augmente dans l'Etat, ni la ſomme des travaux, ni la maſſe des denrées.

La quantité des terres cultivées dans un Etat, étant abſolument déterminée par le nombre des hommes qu'il renferme, il eſt évident que l'impôt ne peut pas l'augmenter, puiſqu'il n'y augmente pas la quantité des hommes. Chaque Cultivateur travaille ſans doute, d'autant plus, que l'impôt eſt plus fort; mais le nombre des Cultivateurs diminuant toujours dans une proportion égale à celle dont leur travail augmente, il ne s'y trouve toujours que la même quantité de terres cultivées après la poſée de l'impôt, comme auparavant.

CHAP. II.

La vraie population de tout Etat, se détermine par la combinaison de son commerce, & du produit de son sol. Je ne parle ici, que de ce dernier principe, parceque je ne traite que d'un Etat isolé; & que, dans un pareil Etat, le commerce, quoique de la plus grande utilité, ne produit cependant rien par lui-même; c'est-à-dire, qu'il ne donne l'être à aucune nouvelle matiere de consommation. Ainsi, dans un Etat isolé, la population ne peut se mesurer que sur le produit de son sol; & respectivement la quantité des terres cultivées, n'est mesurable que sur le nombre des hommes que cet Etat renferme. Revenons à l'imposition.

L'établissement d'un impôt proportionné à la récolte, n'est ni avantageux, ni équitable.

Une imposition générale sur les terres, qui se leveroit en nature & dans la proportion la plus exacte à leur produit, ne seroit pas aussi juste qu'on pourroit le croire. Elle le seroit très-peu, surtout dans l'Etat dont je parle, où tous les Citoyens doivent être regardés comme égaux. Considérons dans cette hypothèse deux Cultivateurs, dont l'un possesseur de dix arpens de terre de premiere fécondité, qui lui rendent sept fois sa semaille, vit convenablement de leur produit : tandis que l'autre, Cultivateur de champs moins fertiles, est obligé de travailler trente arpens, pour pouvoir vivre comme le premier. Ce qui l'y oblige, c'est que ses terres ne lui rendent que trois fois ce qu'il y séme. Si nous appellons *Mesure* la quantité de grains, nécessaire pour ensemencer un arpent, on trouvera que le premier recueillera soixante & dix mesures par année, à sept par arpent; & que l'autre en recueillera quatre-vingt-dix, à trois par arpent. Mais comme le premier n'a que dix mesures à conserver, pour sa nouvelle semaille, contre trente qu'il faut à l'autre, il leur reste à chacun précisément la même quantité de denrées, qui est de soixante mesures. Cependant si l'impôt est proportionnel à la récolte, le plus malheureux paye à raison de quatre-vingt-dix mesures; & l'autre seulement, à raison de soixante & dix.

On voit par-là que si le Cultivateur des dix arpens féconds n'en tire que le nécessaire, l'autre Cultivateur est nécessairement en souffrance. Il succombe au premier accident. Il ne peuplera pas, & toutes les terres qui se trouveront au-dessous des siennes, pour la fertilité, resteront nécessairement abandonnées.

On éviteroit cet inconvénient,

si l'on n'établissoit l'impôt que sur ce qui reste du produit des terres, les frais de culture prélevés. Si l'on disoit au Cultivateur : Prenez la mesure de grains que vous avez semée, pour la semer de nouveau : prélevez encore la quantité de denrées, qui doit être le salaire de vos travaux, & payez l'impôt à proportion de ce qui reste. De cette maniere, à supposer que le Cultivateur prît pour son salaire une quantité de grains égale à ce qu'il en seme, le possesseur des trente arpens ne payeroit qu'à raison de trente mesures ; & celui des dix arpens, payeroit à raison de cinquante.

Maniere plus équitable d'établir l'impôt.

Par-là, l'impôt ne porteroit que sur quatre-vingts mesures, au lieu de porter sur cent soixante ; mais en le montant au double, on auroit la même somme. On peut dire encore plus. A quelque point qu'on veuille porter l'impôt, le Gouvernement prît-il même tout le produit des champs, les frais de culture prélevés ; l'impôt au premier coup d'œil, ne paroît devoir causer aucune dépopulation.

Si l'impôt étoit posé de cette façon; plus il seroit fort, plus il égaliseroit les peines des Cultivateurs ; parcequ'il obligeroit ceux qui ont les meilleures terres, à en cultiver une plus grande quantité, & à s'en procurer de nouvelles par le défrichement.

Si l'impôt est proportionnel au produit réel des terres, la classe des Cultivateurs arrêtera sa population la premiere : s'il ne porte que sur ce qu'elles rendent, les frais de culture prélevés, elle arrêtera sa population la derniere. Mais que sera-ce si l'impôt est établi plus ſur le nombre des champs que ſur leurs produits? Que ſera-ce, s'il eſt arbitraire, & à la défaveur du malheureux?

Si les frais de culture prélevés par le Cultivateur, le Gouvernement s'approprioit tout le reſte du produit des terres, il eſt viſible que la condition de tous les Cultivateurs ſeroit égale; que l'Etat ſeroit alors cenſé le Propriétaire univerſel de toutes les terres; que ſa force ſeroit portée au plus haut point, & reſteroit toujours au plus haut.

Plus l'impoſition eſt forte, plus le Gouvernement eſt en état d'entretenir des Soldats, & des Commandans en ſous-ordre, pour aſſurer la tranquillité publique. Mais ſi l'impôt, paſſant toute meſure, ôte au Cultivateur le néceſſaire, ſa claſſe dépeuplera; & elle entraînera, par ſon dépériſſe-

CHAP. II.

ment, celui de l'Etat même.

Le Gouvernement trouve encore cet avantage à l'augmentation de l'impôt, que, la condition du Cultivateur & de l'Ouvrier devenant plus mauvaiſe, les Soldats doivent coûter moins au Gouvernement. En effet, cette derniere claſſe doit baiſſer avec toutes les autres, & doit ſuivre, comme elles, les loix de l'équilibre.

Nouveaux principes de mouvement pour la claſſe des Gentils-hommes.

Dans un Etat auſſi ſimple que celui que je conſidére, il ſe trouve déja un vice. Car, ou les Cultivateurs, les Ouvriers & les Soldats ſeront pour toujours exclus de la claſſe proprement dite des Gentilshommes; ou l'on élevera à cette dignité ce qui ſe trouvera parmi eux de Sujets diſtingués. Dans le premier cas, on éteint l'émulation, & l'on prive l'Etat des ſervices & des lumieres qu'il auroit tirées de ces Gens de mérite : dans le ſecond, un nombre de Soldats, ou autres, montant à l'état de Gentilshommes, chargeroient d'autant plus cette claſſe, mettroient les anciens dans un état de ſouffrance, & diminueroient conſéquemment la ſomme totale de la population.

Evaluation du plus fort accroiſſement de population poſſible.

Le Gouvernement, dans un Etat tel que celui dont je parle, ne mettant point d'obſtacle à la population, chaque année, du moins juſqu'à ce qu'on en ſoit à défricher des terres trop ingrates, le nombre des Citoyens augmenteroit environ d'un trentieme. C'eſt la population la plus forte que puiſſe donner notre eſpéce, à en juger par le temperament actuel de celles de nos femmes du peuple, qui ne ſont épuiſées ni de beſoins, ni de fatigues.

Si l'on trouve trop petit cet

accroissement donné de population ; que l'on considére que, si en France, où l'on compte communément seize millions d'ames, le nombre des hommes augmentoit dans cette proportion, en soixante ans, il devroit s'en trouver plus de soixante-quatre millions : toute l'Allemagne, l'Angleterre, la France & l'Espagne, n'en contiennent pas tant aujourd'hui. Dans quatre-vingt-dix ans de temps, cette population continuée, donneroit au-delà de cent quarante millions d'ames. Il y en a à peine ce nombre dans toute l'Europe.

D'un autre côté, cette multiplication de notre espéce, quelque prodigieuse qu'elle paroisse, ne surprendroit plus, si l'on vouloit se rappeller la quantité étonnante de puissantes Colonies, que fondérent, en moins de deux cens ans, les Habitans du petit & mauvais pays de l'Attique, dans l'Asie mineure, dans la Sicile & ailleurs; & cela même, malgré les guerres qu'ils eurent à soutenir.

Quand je fixe la plus grande population des hommes à un trentieme, je parle d'un Pays, où il y a des vieillards & des enfans dans la proportion ordinaire. Car dans les nouvelles Colonies, où l'on n'envoie que des gens propres au mariage, je crois qu'on doit estimer cette progression de population au douzieme, à supposer qu'on y envoie autant de femmes que d'hommes. Car si l'on a souvent trouvé, dans des tentatives de peuplades, des résultats fort éloignés de ceux que j'établis ici, comme conformes au cours naturel des choses, ce pourroit bien n'être pas tout-à-fait la faute de la nature.

CHAPITRE III.

Naiſſance & progrès des Arts & Métiers de luxe.

ARTICLE PREMIER.

Origine & premiere ébauche des Arts.

Un peuple placé dans un pays fécond ne peut que voir naître très-promptement les arts & les métiers de luxe.

QUELQU'IGNORANCE qu'on veuille ſuppoſer, dans le principe, aux familles raſſemblées que je conſidére : ſi le Pays qu'elles ont à habiter eſt fécond, on verra bientôt naître au milieu d'elles tous nos Métiers de commodité & de luxe, & tous les Arts. Ils s'y perfectionneront même rapidement, ſi la nature du Gouvernement n'y apporte point d'obſtacle. La Grèce eſt une preuve de ce que j'avance. Qu'on ſe rappelle qu'en moins de deux cens ans, à compter du moment où l'on en vit les premieres ébauches, les Arts y furent portés à un point de perfection que nous admirons encore.

Il est certain que, si le dégré de fertilité d'un Pays est tel, que le Cultivateur puisse se procurer tout ce qui lui est nécessaire en ne travaillant que quatre ou cinq mois par année, il emploiera une partie de son loisir à rechercher le commode & le gracieux.

L'habitude des premieres commodités, fera passer à de nouvelles : tant parcequ'on parviendra bientôt à trouver le moyen de se procurer plus aisément celles que l'on connoîtra les premieres, qu'à cause du peu de sensation que font sur l'homme les choses dont il jouit journellement. Le desir brulant & insatia-

CHAP. III.

ble d'améliorer ſon état, & de paſſer à des plaiſirs nouveaux, ſera continuer cette progreſſion de commodités, de plaiſir & de luxe, tant qu'il reſtera au Cultivateur du temps à ſacrifier.

Principe de la naiſſance des arts.

Le loiſir & l'aiſance firent naître la Poéſie, dit un de nos célèbres Auteurs, qui le répete d'après les Anciens. Tout le monde ſeroit ici dans l'aiſance & dans le loiſir : la Poéſie y naîtroit donc ainſi que tous les autres Arts. Ils ont tous la même origine qu'elle.

Les hommes aiment naturellement à s'orner, ainſi qu'à embellir tout ce qui tient à eux : les Sauvages de l'Amérique ſe peignent le corps des plus belles couleurs qu'ils ſachent faire. Les Négreſſes ſe parent de coquillages. Les hommes & les animaux mêmes, ſont ſenſibles aux charmes de la Muſique. Nos Cultivateurs, dans les longs relâches de leurs travaux, s'occuperont donc de ces divers objets.

L'excellence n'est toujours qu'une qualité relative.

Il faut de néceſſité qu'il y ait un homme qui excelle par-deſſus tous les autres dans chaque art. L'excellence, dans le ſens ordinaire qu'on donne à ce terme, ne ſuppoſe aucune perfection réelle. Elle ne conſiſte que dans l'avantage que l'on a dans un genre, étant comparé à tout autre homme connu. Quelque groſſier que l'on veuille ſuppoſer le talent de ces premiers Artiſtes prééminens, ils ſeront recherchés; parcequ'on aime leurs Arts, & qu'ils font ſentir mieux qu'aucun autre les plaiſirs que ces Arts donnent.

L'aiſance du peuple anime les Artiſtes.

Il eſt naturel que ces hommes, qui excelleront dans un Art, reçoivent une récompenſe de ceux qui les auront employés. Comme

CHAP. III.

ici le peuple eſt nombreux, & qu'il vit dans l'abondance, l'Artiſte devra trouver des récompenſes telles, qu'il lui ſoit plus avantageux, ainſi que plus agréable, de vivre de ſon talent, que de la culture de la terre.

Ces gens, occupés uniquement de leurs Arts, dont ils ont ſans doute le génie plus qu'aucun autre, doivent naturellement y faire des progrès. L'uſage leur donnera occaſion d'obſerver : l'habitude leur déterminera des régles; l'Art, entre leurs mains, fera toujours quelques pas vers la perfection.

Progrès des Arts.

Comme le goût des Artiſtes, celui des Gens aiſés ſe perfectionnera par l'uſage; les Arts deviendront de plus en plus difficiles, par la découverte ſucceſſive de nouvelles régles. Plus le nombre de ces régles augmentera, plus les Arts s'éloigneront de de la portée du génie du Cultivateur ; plus ils demanderont que les Artiſtes s'y conſacrent uniquement, & qu'ils faſſent par conſéquent une claſſe diſtincte de toute autre.

La grandeur des recompenſes regle le nombre des Artiſtes.

Le nombre des Artiſtes croîtra à proportion des ſalaires qu'ils recevront, & que leur état ſera meilleur. Ces ſalaires ſeront proportionnés au nombre, à l'aiſance & au goût du peuple. Le nombre des Artiſtes augmentera, ou diminuera ſuivant les variations qu'éprouvera la ſomme des ſalaires que recevra leur totalité, priſe dans un temps moyen.

La Poéſie doit être miſe au même rang que les autres Arts d'agrémens.

Qu'on ne croie pas qu'il faille excepter la Poéſie, de ce que je viens de dire généralement de tous les Arts. Quoiqu'elle n'ait pas, comme la plupart d'entr'eux, un ſalaire fixe & journalier, elle n'en eſt pas moins ſoumiſe aux mêmes mobiles. Si, comme eux, elle a ſon origine dans l'abondance, & dans la ſenſibilité du cœur, elle a toujours eu auſſi les mêmes viciſſitudes qu'eux; & par les mêmes cauſes; ôtez les récompenſes, elle tombera. Le Poète ne travaille que dans l'eſpérance d'en obtenir, & le nombre des laborieux Aſpirans, croît à proportion de la quantité & de la force de celles qu'on voit donner. La gloire que le Poète dit avoir pour objet, voit toujours l'intérêt l'accompagner dans ſon cœur. Et cette gloire n'eſt elle-même chez la plupart des hommes, qu'un coloris dont leur amour propre couvre un intérêt rafiné. J'excepterai, ſi l'on veut, ces Génies éminens, tels que chaque ſiécle en forme à peine un, qui ſemblent tirer tout d'eux-mêmes, & ne rien devoir qu'à la

Nature. Mais ſi l'on doit les excepter parmi les Poètes, on doit excepter auſſi parmi les Peintres, les Muſiciens, les Sculpteurs & les Architectes, ceux à qui l'on voit des talens ſupérieurs. On a vu, en Italie, la Poéſie renaître avec les autres Arts. Elle s'y éteignit avec eux. Elle vint en France auſſi aiſément que tous les autres Arts qu'on y appella avec elle, & ce n'eſt point le hazard qui forme parmi nous plus de Poètes & de Gens de Lettres, dans un temps, que dans l'autre.

Les Arts ne peuvent s'établir chez les Nations qui ne ſont pas Cultivatrices.

Chez les Nations ſauvages de l'Amérique, on voit les Arts dans leur naiſſance, tels, ſans doute, qu'ils ont été parmi nous dans le principe, & tels que je ſuppoſe qu'ils ſeroient aux premiers momens, dans les familles raſſemblées dont je parle. Mais comme ces Peuples, n'étant pas Culti-

CHAP. III.

vateurs, ne peuvent jamais être ni nombreux ni aisés ; comme ils n'ont en quelque sorte aucune habitation fixe, il ne peut se former parmi eux ni Artistes, ni Ouvriers proprement dits. Les Arts conséquemment doivent y rester toujours dans leur enfance.

CHAP. III.

ARTICLE II.

Les Artistes & les Ouvriers de luxe formeront dans l'etat une classe distincte de toute autre.

NOUS avons vu que les Gentilshommes, recevant des denrées du Gouvernement, & n'acquérant que par échange les autres choses dont ils ont besoin, ont dû hâter l'établissement des Ouvriers proprement dits, concernant les professions qui sont de premiere nécessité. Ces mêmes Gentilshommes ayant des denrées surabondantes, puisqu'ils en ont plus que les autres Citoyens, emploieront naturellement ce qu'ils s'en trouveront de superflues, à se procurer l'agréable & le gracieux. Par-là ils hâteront également l'établissement des Artistes.

C'est principalement par les Gentilshommes que les Artistes & les Ouvriers de luxe commenceront à être dans le cas de former une classe distincte.

CHAP. III.

Si ces derniers doivent parvenir à former dans l'Etat une classe à part & distincte de toutes les autres, les Ouvriers en objets de commodité & de luxe, en formeront aussi une. Ces classes se mettront en équilibre entr'elles, & avec les premieres.

Loix de l'équilibre pour les classes d'ouvriers de luxe & d'Artistes.

Mais il faut observer qu'au sujet des premiers métiers, qui ne demandent aucune capacité singuliere, & auxquels nous avons supposé que tout le monde est propre, la proportion des salaires s'est établie uniquement sur la quantité des peines. Ici il y a d'autres choses à peser. Il faut du temps, & de la peine; il en coûte à un Artiste, pour se former. Il faut que la Nature l'ait favorisé au-delà du commun des hommes. Si, pour ce qu'il exécute il ne recevoit de salaire, qu'à proportion de la peine que lui donne l'exécution, ce seroit à sa défaveur que l'équilibre seroit rompu. Les gains, dans tous Arts & Métiers, doivent être proportionnés à la capacité de l'Ouvrier, à ses charges, à ses mises dehors, à ses peines. Si l'on examine la chose, on verra qu'il en est de même, à peu de chose près, parmi nous.

Application de la loi de l'équilibre à la profession de Soldat.

Sur ce pied là, le métier de Soldat, tel qu'il est parmi nous, doit être celui du moindre produit. On n'y exige aucune capacité. Loin de coûter à apprendre, on est payé pour l'embrasser. A ce qu'en voit le Peuple, il le juge pour le métier le moins pénible. Aussi le Soldat tire-t-il à peine de son état, le necessaire le plus borné. On ne compte pour rien le péril de cette profession. L'idée de quelque gloire, & l'espérance de quelque fortu-

CHAP. III.

ne, le couvrant d'autant plus facilement, que l'amour propre persuade à tous les hommes qu'ils ont assez de mérite pour parvenir; &, ce qui est de plus étonnant encore, chacun se croit fait pour être favorisé du sort.

Régions où les Arts ne peuvent se naturaliser.

Les Arts & les Métiers de luxe, ne peuvent subsister que chez les Peuples nombreux & aisés. Le peu de fécondité d'un Pays suffira donc pour les empêcher d'y naître, & de s'y établir. Sans examiner si, dans le Nord, la dureté du climat ôte aux hommes, ou non, l'aptitude aux choses d'agrément, il suffit que la terre qu'ils habitent soit ingrate, pour que les Beaux-Arts & le luxe ne puissent pas se naturaliser parmi eux.

Exception en faveur des grandes Villes que des cir-

Stockolm, par le concours de toutes les contributions d'un Royaume, & par le Commerce, répare

répare ce que son sol peut avoir d'infécondité. Il y a des Artistes. Les Arts y sont certainement poussés à un point plus haut, qu'ils ne le sont actuellement dans la Grèce, & dans la plûpart des Régions où l'antiquité les vit fleurir. Mais ils ne peuvent s'établir dans les provinces Méditerranées de la Suéde ; parceque l'infécondité de la terre y est telle, que le Cultivateur ne recueille de denrées que ce qu'il en faut pour les Ouvriers qui lui sont nécessaires, pour le petit nombre de Gentilshommes qui sont dans le Pays, & pour lui-même. Ainsi il ne reste rien pour entretenir des Artistes.

constances particulieres peuvent faire établir dans des Régions stériles.

L'étendue des Métiers de luxe & des Arts d'agrément, est partout proportionnée à la population des Villes ; & dans tout Pays, la population des Villes doit na-

L'étendue du luxe & des Arts est toujours proportionnée à la population des Villes.

CHAP. III.

turellement être déterminée par la fertilité des terres. Dans quelque Région que ce soit, si l'on parvient à former une grande Ville, il y aura des Arts & des Métiers de luxe.

L'infécondité des terres s'oppose à la force du Gouvernement comme au progrès du luxe & des Arts.

On remarquera que l'infécondité des terres, lorsqu'elle est très-grande, s'oppose à la perfection du Gouvernement, ainsi qu'à l'avancement des Arts. L'une & l'autre de ces choses, pour pouvoir s'établir, demandent que les champs rendent au Cultivateur au-delà du nécessaire. Pour qu'il y ait un Gouvernement, il faut que le Colon trouve dans sa récolte de quoi payer l'impôt. Si la terre est ingrate, on ne pourra retirer que très-peu du Cultivateur; le Prince ne pourra entretenir sous lui qu'un petit nombre de Commandans; il ne pourra y avoir que peu de personnes employées au maintien de l'ordre : le Gouvernement en ſera moins fort, moins étendu dans ſes branches, & moins agiſſant. Par-tout on trouve les Pays d'autant moins policés, qu'ils ſont moins abondans ; ſoit que leur infécondité vienne du climat, ſoit qu'elle vienne de la mauvaiſe qualité du ſol, ſoit qu'elle ait ſa ſource dans les vices des Habitans. On ne voit preſque aucune Police dans les Provinces Méditerranées de la Norvège. L'influence du Gouvernement y eſt extrémement foible & bornée. Le Voyageur n'y eſt point en ſûreté : le Citoyen même n'y eſt point en paix. En Laponie, où la terre eſt d'une ſtérilité que l'on pourroit dire abſolue, il n'y a non-ſeulement aucune eſpéce d'Artiſtes, ni d'Ouvriers proprement dits, mais on n'y apperçoit même aucun veſtige

CHAP. III.

de Gouvernement. Ce n'eſt pas que les Habitans de ces Régions froides ne ſoient auſſi diſciplinables que ceux des Pays chauds : ils paroiſſent au contraire l'être davantage. Mais où prendre pour l'entretien de ceux qui ſeroient employés à les gouverner ?

ARTICLE III.

La facilité du travail des terres, eſt la ſeconde cauſe phyſique de l'accroiſſement du luxe & des Arts.

De deux Nations également nombreuſes, mais placées dans des ſols différens, l'une pourra entretenir beaucoup plus d'Artiſtes que l'autre.

DE deux Pays également étendus & d'un égal produit, l'un pourra entretenir beaucoup plus d'Artiſtes que l'autre ; & ſi l'on veut prendre les choſes à l'extrême, l'une des deux Nations peut être en état de faire fleurir tous les Arts au milieu d'elle, tandis que l'autre ne pourra abſolument entretenir aucun Artiſte. La choſe arriveroit, ſi, par la différence de leurs terres, l'une de ces deux Nations étoit obligée d'employer au travail des champs beaucoup plus de monde que l'autre.

CHAP. III.

Preuve du calcul.

Que chacune des deux Nations ſoit composée de quatre millions d'Habitans : que dans l'une il faille trois millions de Cultivateurs, pour faire croître les denrées qui lui ſont néceſſaires, & que dans l'autre, il n'en faille qu'un million ; il eſt évident que celle-ci pourra nourrir une quantité d'Artiſtes, ſans comparaiſon plus grande que celle-là.

On trouve dans la Nature les différentes qualités de ſol qu'on a ſuppoſées.

Cette ſuppoſition n'eſt point purement idéale, on la voit réaliſée dans la Nature. Tout le monde ſçait qu'il y a des terres qui, quoique d'un égal produit, demandent plus de travail l'une que l'autre. Il eſt des Pays où une partie des terres eſt extrêmement féconde, & l'autre extrêmement mauvaiſe. Dans ceux-là, il peut y avoir beaucoup d'Artiſtes. Il en eſt d'autres, où toutes les terres ſont cultivables, & d'une médiocre fécondité. Il faut qu'il y ait plus de monde occupé aux terres, dans ces dernieres, pour avoir la même quantité de denrées; ainsi il y restera moins de monde pour les Arts. Il y a des Etats, où il n'y a que les meilleurs champs de cultivés. Ils sont dans le cas des premieres contrées. Il doit y avoir beaucoup d'Arts & de luxe, à proportion du nombre de leurs Habitans.

Les vicissitudes du Commerce extérieur, dira-t-on, ont sans doute une très-grande influence sur l'étendue du luxe & des Arts dans tous Etats; mais je ne parle ici, & dans tout l'Ouvrage, que d'un Etat isolé. Je prie, pour la derniere fois, qu'on ne le perde pas de vue.

En diminuant la difficulté du travail des terres.

Il seroit égal, pour l'avancement des Arts, que la fécondité des terres fût augmentée, ou

CHAP. III.

le peuple se trouvera ou plus de richesses ou plus de loisir; dans l'un & l'autre cas, le luxe & les Arts augmenteront.

qu'on trouvât une Méthode pour diminuer le travail de leur culture. D'une & d'autre façon, le Cultivateur, chez le nouveau Peuple dont je parle, recueilleroit plus de denrées à travail égal, & se trouveroit en conséquence en état de tirer plus de l'Ouvrier, & de donner plus aux Artistes.

Effet que produiroit parmi nous le plus de facilité du travail des terres.

Si l'une ou l'autre de ces choses arrivoit parmi nous, la population des Villes en seroit également augmentée. En diminuant les travaux de la culture, on forceroit une partie des Cultivateurs, qui se trouveroient inutiles aux terres, à passer dans les Villes. Si les possesseurs actuels des terres avoient un moyen pour faire cultiver par un seul Paysan ce qui en occupe actuellement deux, sans augmenter le travail du premier, ils se trouveroient plus riches de tout ce qu'ils cédoient à celui des deux qui leur devient le plus inutile. Les peines de celui dont ils continueroient de se servir, n'étant pas plus grandes qu'auparavant, ils ne lui donneroient que le même salaire. Les Propriétaires des terres se trouvant plus riches, augmenteroient leur dépense en Domestiques, en Ouvriers de luxe & en Artistes, à proportion de leurs nouveaux moyens. C'est en partie des champs qu'on tireroit ce surcroît d'Ouvriers & d'autres Gens.

Article IV.

La facilité du travail des terres peut autant contribuer à la force de l'Etat, qu'à l'avancement des Arts.

L'Etat tireroit autant de force de l'augmentation, de la fécondité des terres, ou de la diminution des difficultés de leur travail, que de nouvelles conquêtes.

Il en eſt par rapport à l'Etat, comme par rapport aux Arts. Augmenter le nombre de ſes champs, en reculant ſes frontieres; diminuer le travail de culture, pour ceux qu'il renferme, ou augmenter leur fécondité: ce ſeroit lui procurer à peu près la même augmentation de force & le même bien. L'Etat ne peut, ſans ſe détruire lui-même, employer à ſon ſervice que le ſurplus des denrées du Cultivateur. Que la ſomme de ce ſurplus augmente, parce que l'addition de nouvelles Provinces lui donne un plus grand nombre de terres ; parceque ses terres viennent à produire plus de denrées, ou parceque les travaux de leur culture étant diminués, la classe des Cultivateurs, devenue moins nombreuse, consomme moins : il en résulte toujours pour l'Etat la même augmentation de force, lorsqu'il le veut.

Il est évident que, si les terres se cultivoient à moins de frais, elles pourroient supporter de plus forts impôts. Or qu'il y ait plus de champs imposés, ou que chaque champ supporte une imposition plus forte, cela revient au même. Si les frais de culture diminuoient de moitié, le Gouvernement, en s'appropriant le profit de cette nouveauté, pourroit convertir en Soldats la moitié des Cultivateurs, sans que les Propriétaires des terres, ni

CHAP. III.

aucunes des autres classes s'en ressentissent.

Application du calcul au principe précédent.

Supposons que la Suéde & le Danemarck soient de la même étendue & de la même fécondité; que toutes leurs terres soient au plus haut point de culture ; & qu'il y ait dans chacun de ces Royaumes six millions d'Habitans, dont quatre millions soient employés à cultiver. Si l'on parvient en Danemarck à découvrir un moyen de cultiver tout avec deux millions d'hommes seulement, il arrivera que la moitié des Cultivateurs passera nécessairement, & dans peu, dans les autres classes de l'Etat. La population n'augmentera pas, puisque les terres ne produiront toujours de denrées que pour six millions d'hommes; mais le Danemarck ne s'en trouvera pas moins deux fois plus fort que la Suéde. Car lorque ces deux Nations voudront ſe faire la guerre, le Danemarck pourra attaquer la Suéde avec un fonds de quatre millions d'hommes, & tout ſon monde ſera toujours nourri par les deux millions de Cultivateurs qui reſteroient aux terres. La Suéde, au contraire, ne pourra lui réſiſter qu'avec un fonds de deux millions d'hommes, étant obligée de laiſſer, comme le Danemarck, tous ſes Colons au travail des champs, pour ne pas s'affamer elle-même. Tout le monde ne va pas à la guerre; mais de quelque façon qu'on enviſage la choſe, on verra, qu'à faire des efforts égaux, la Suéde ſe trouvera toujours la plus foible de moitié.

Si la Suéde acquiert des Provinces ſemblables à celles qu'elle poſſéde déjà, & qui doublent ſon étendue, ainſi que le nombre de ſes Habitans, elle aura douze millions d'hommes, dont huit millions étant néceſſairement employés aux terres, il ne lui en reſtera que quatre millions pour faire la guerre au Danemarck, qui aura le même fonds de troupes à lui oppoſer. La Suéde trouvera auſſi, en levant ſur chaque champ une impoſition de moitié moins forte, que celle que léve le Danemarck, à ſe faire des Finances égales aux ſiennes; & le même nombre d'hommes pourra marcher de part & d'autre.

Pour ce qui regarde le produit de l'impôt, qu'on ſuppoſe qu'une famille Suédoiſe puiſſe cultiver trente arpens; & qu'il ne lui faille que le revenu de vingt pour ſe nourrir, elle & la portion d'Ouvriers qui lui eſt néceſſaire: l'Etat peut employer à ſon ſervice le revenu de dix arpens ſur trente, & ſur ſoixante le revenu de vingt. Que les peines & les frais de culture diminuent de moitié, la même famille pourra cultiver ſoixante arpens. Et cette même famille n'ayant toujours beſoin que du revenu de vingt, l'Etat pourra s'approprier le revenu de quarante : double de ce qu'il pouvoit tirer de rétributions auparavant ſur le même nombre d'arpens. Cette proportion change & diminue, ſelon que le comporte la fécondité du terrein.

Si la Suéde, en doublant ſon étendue, a cet avantage, que ſes huit millions de Cultivateurs répareront quatre fois plutôt, par leur excès de leur population, la perte de Citoyens que la guerre lui occaſionnera, que les Cultivateurs du Danemarck ne pourront réparer celle des leurs : d'autre part, les Cultivateurs Danois, étant quatre fois moins nombreux, occupent quatre fois moins d'Ouvriers, demandent quatre fois moins aux autres classes, souffrent moins & laissent au Danemarck plus de Soldats.

Etablissons que deux millions de Cultivateurs exigent pour leur service, en Ouvriers ou en Gens de Police, cinq cens mille hommes. Le Danemarck, sur ces six millions d'hommes, n'en aura que deux millions cinq cens mille d'occupés dans les classes nécessaires. Il pourra donc entretenir trois millions cinq cens mille Guerriers. La Suéde, après avoir doublé son étendue, ayant huit millions de Cultivateurs, aura deux millions d'hommes occupés à leur service dans les classes d'Ouvriers & de Police. Il ne lui restera donc pour la guerre, qu'un fonds de deux millions d'hommes. Tout ceci s'ap-

plique;

plique, avec la derniere évidence, à un Etat où le luxe ne seroit pas encore bien établi, & où l'on ne connoîtroit point encore de Possesseurs ou de Propriétaires des terres.

Si la Suéde, au lieu de doubler son étendue, avoit augmenté d'un tiers la fécondité de ses terres, elle auroit gagné davantage. Elle n'auroit à la vérité que huit millions d'hommes en tout; mais il n'y en auroit que quatre millions d'occupés à la culture des champs. Ses Cultivateurs, en plus petit nombre, employant moins d'Ouvriers & d'autres Gens, elle pourroit faire une guerre plus forte, sans faire souffrir aucune de ses classes nécessaires, classes dont le dépérissement entraîne la ruine de l'Etat.

Reflexion morale.

Des trois manieres dont je viens de démontrer qu'un Etat peut augmenter sa puissance, la premiere n'eſt d'aucun avantage à l'humanité. Loin de-là, ſi l'on enviſage les moyens qu'on emploie à cet agrandiſſement de limites, ils font gémir la Nature. La ſeconde maniere, en diminuant les travaux des hommes, leur faciliteroit le bonheur. La troiſieme, en donnant la vie à des millions d'hommes nouveaux, feroit les plus grands biens. Cependant en Europe, cette partie ſi éclairée de notre globe, les Etats ne s'occupent en nulle façon des deux derniers moyens d'agrandiſſement, tandis qu'ils dépenſent des millions innombrables, & font couler des ruiſſeaux de ſang, pour ſe procurer les avantages du premier.

Quelques principes généraux ſur les moyens d'améliorer l'agriculture.

Qu'on ne regarde pas les ſouhaits que je fais pour l'amélioration de notre agriculture, comme portant ſur quelque choſe de purement idéal, & auquel l'état actuel de nos campagnes ne nous laisse aucun espoir de parvenir, pour l'exécution. Le produit d'un terrein n'est pas déterminé de tout point par ses qualités propres, non plus que par la quantité des travaux de culture. Pour se faire quelque idée des différens moyens d'améliorer nos terres, moyens que nous n'avons que trop inutilement sous la main, qu'on voie quel surcroît de fécondité les Habitans des Pays-Bas sçavent donner à leurs terres, par leur économie sur les engrais? Qu'on voie combien la face de l'Angleterre est changée, depuis qu'elle a pris l'usage des prairies artificielles? Enfin, pour ne citer que des choses que tout le monde soit plus en état de connoître, qu'on examine avec quelqu'attention combien nos terres se trou-

CHAP. III. veroient plus fécondes, si les eaux étoient répandues plus également sur leur surface. Eh ! dans combien d'endroits ne pourroit-on pas les porter, presque sans frais ?

ARTICLE V.

Avantage de la classe des Artistes sur celle des Ouvriers de luxe.

Dans les premiers instans, les progrès des Arts seront plus rapides que ceux du luxe.

LES Arts, dans un Pays fécond, naîtroient avant les métiers de luxe. Ceux-ci demandent une grande suite d'idées, & une longue chaîne de connoissances : les autres ne supposent presque que du sentiment. On trouve le germe des Arts développé chez toutes les Nations, tandis qu'il en est beaucoup où l'on ne voit pas le moindre vestige de ces métiers de commodité, que l'habitude a fait placer parmi nous au nombre des métiers nécessaires.

Dans quelque aisance que soit le Cultivateur, il donnera toujours moins aux Ouvriers de luxe, qu'aux Artistes. Si l'on examine

CHAP. III.

les hommes ſur-tout dans l'état de nature, on trouvera qu'ils ſont bien éloignés d'avoir pour le brillant un goût auſſi vif, que pour les Arts proprement dits, tels que la muſique, la danſe, le ſpectacle, &c. Ainſi, dans un état tel que je le conſidére, où je ne ſuppoſe encore aucuns Poſſeſſeurs de terres, les profeſſions, qui ont le luxe pour objet, ne pourroient approcher du luſtre où nous les voyons parmi nous, qu'autant que, les impoſitions étant très-fortes, le Roi garderoit beaucoup pour lui-même, & donneroit à une quantité de Gentilshommes un ſuperflu très-conſidérable.

Ce qui arriveroit à une Nation aiſée, ſi les Arts & le luxe y faiſoient trop peu de Progrès.

Exemple du Pérou.

Si par des circonſtances, qu'il eſt très-poſſible de voir naître, les Arts & les Métiers de luxe prenoient dans un Pays fécond un accroiſſement trop foible & trop lent, la claſſe des Cultivateurs, ſe trouvant moins diminuée, & ayant d'ailleurs moins de monde à nourrir, reſteroit dans une grande oiſiveté. Pour peu que le Gouvernement y fût attentif, il s'appercevroit bientôt de l'augmentation de forces que les circonſtances lui permettroient de ſe donner. Il augmenteroit l'impôt, juſqu'à ce qu'il ne reſtât plus au Cultivateur, qu'un honnête loiſir. Il emploieroit le ſurcroît des denrées qu'il recevroit à augmenter la claſſe des Soldats, s'il avoit des voiſins; & dans tous les cas, à multiplier les Commandans en ſous-ordre & leurs Suppôts. C'eſt ce qui eſt arrivé au Pérou, où les Eſpagnols trouverent peu d'Arts & de Métiers; mais en revanche, un nombre étonnant d'hommes employés au Gouvernement, & tirant de lui leur ſubſiſtance. Nul Pays du monde n'eut plus de Police, & ne fut gouverné avec plus de précision que ce Royaume, avant sa découverte par les Nations civilisées de l'Europe.

Article

ARTICLE VI.

Des influences de la claſſe des Artiſtes & Ouvriers de luxe ſur la conſtitution de l'Etat.

Plus le nombre des Artiſtes & des Ouvriers de luxe augmente, plus les forces intrinſeques de l'Etat diminuent.

L'ETABLISSEMENT des claſſes d'Artiſtes & d'Ouvriers de luxe, diminue en toute façon la force de l'Etat. Qu'on ſuppoſe un Pays où la population ſoit au plus haut, & où elle monte à deux millions cinq cens mille hommes: que la nature de ces terres ſoit telle, qu'il faille néceſſairement y laiſſer quinze cens mille Cultivateurs, pour en tirer une quantité de denrées ſuffiſante à la conſommation totale : que les deux millions cinq cens mille hommes demandent qu'il y ait quatre cens mille Ouvriers, & cent mille hommes employés à maintenir l'ordre, l'Etat pourra évidemment alors entretenir cinq cens mille Guerriers. S'il ne s'est formé aucune autre classe dans l'Etat, que celle que je viens de nommer; & que ce même Etat n'ait voulu, dans le principe, entretenir que cent mille Soldats, la classe des Cultivateurs s'en trouvera moins diminuée, & restera composée de dix-neuf cens mille hommes, au lieu de quinze cens mille. Cette classe se trouvant plus forte qu'il n'est nécessaire, les Cultivateurs auront nécessairement du loisir. Lorsque la guerre obligeroit le Gouvernement à augmenter le nombre de ses troupes, il pourroit tirer les nouveaux Soldats, dont il auroit besoin, de la classe des Cultivateurs, jusqu'au nombre de quatre cens mille. Et augmentant l'impôt proportionnellement au besoin des hommes qu'il en tireroit, il forceroit ceux qui resteroient au labour à cultiver entr'eux les terres que les premiers auroient abandonnées. Ainsi il se trouveroit dans l'Etat la même quantité de denrées qu'auparavant ; rien ne souffriroit. Mais s'il se forme dans l'Etat de nouvelles classes, soit d'Ouvriers de luxe, soit d'Artistes, soit de Possesseurs des terres, ou autres qui occupent quatre cens mille hommes, l'Etat ne pourra plus entretenir que cent mille Soldats. Les Cultivateurs, nourrissant hors de leur classe tout ce qu'ils peuvent nourrir, se trouveront réduits au nécessaire. Lorsqu'une guerre surviendra, l'Etat sera obligé de porter ses troupes plus haut. Alors il sera forcé de prendre parmi les Cultivateurs, & parmi les Ouvriers de nécessité, le surcroît de Soldats qu'il lui faudra, parceque les Sujets des autres classes ne sont pas propres à cette profession. D'où il arrivera que les Cultivateurs, se trouvant diminués, ne seront plus en nombre suffisans, pour nourrir tout le monde, & qu'une grande partie des Citoyens souffrira. Pour entretenir leurs nouveaux Soldats, il faudra lever de nouvelles impositions. Le Cultivateur, qui est supposé réduit au nécessaire, ne peut payer ses nouvelles impositions, qu'il ne se trouve en souffrance, que sa classe n'en diminue davantage, & que l'Etat ne dépérisse.

Parmi les diverses formes que peut prendre une Société naissante, j'ai cru devoir choisir celles qui la raprocheroit le plus de nous.

Je sçai que pendant longtemps, chez les Romains, chez les Grecs, & chez la plûpart des anciens peuples, les Guerriers ne formoient point une classe à part dans l'Etat. On n'en soudoyoit aucun pendant la paix, & tout Citoyen devenoit ſoldat dans la guerre. Parmi nous, ils ſont une claſſe diſtincte. Sans compter mille circonſtances diverſes qui nous y forcent, cela ne peut guère être autrement dans un grand Etat. Comme en écrivant, on doit avoir pour objet l'utilité publique, & chercher à répandre ſur les matieres qu'on traite, tous les éclairciſſemens dont on peut tirer quelqu'avantage, j'ai cru, dans les différentes formes que peut prendre une ſociété naiſſante, devoir m'arrêter à celles qui ſe rapportent le plus à notre état actuel. En conſéquence, j'ai cru devoir ſuppoſer qu'on établiroit, dans cet Etat naiſſant, des troupes guerrieres, formant une claſſe diſtincte de toutes les autres claſſes de l'Etat.

Je conſidére cependant ici la claſſe des Soldats, comme renfermant, ainsi que toutes les autres, un nombre de femmes, d'enfans & de vieillards, proportionnément à ce qu'elle seroit nombreuse : femmes, enfans, vieillards que l'Etat est obligé de nourrir tous, ce qui prend considérablement sur le nombre de Soldats qu'on pourroit entretenir sans cela. Point de doute qu'il ne soit très-possible qu'on soudoie plus de Célibataires que de familles; mais si la classe des Soldats n'étoit composée que de Célibataires, son établissement diminueroit la population de l'Etat. La preuve en est claire, sous quelque point de vue qu'on envisage les choses. Si le Soldat reste enrôlé pour toujours, comment peuplera-t-il? Quand il ne le seroit que pour un temps, cela reviendroit à-peu-près au même. Tant qu'il seroit enrôlé, il ne peupleroit point, & pendant ce temps il auroit pu le faire.

Preuve du dépériſſement que la guerre occaſionne à un Etat où la claſſe des Cultivateurs eſt d'avance réduite au néceſſaire.

Ce que j'ai dit de la diſette & du dépériſſement, où doit néceſſairement tomber un Etat que la guerre force à diminuer trop le nombre de ſes Cultivateurs, eſt une vérité qui ſera ſentie par tous ceux qui voudront y refléchir. On peut cependant objecter contre, que l'on voit enrôler en Europe une quantité de Payſans dans toutes les guerres, ſans qu'on s'apperçoive, du moins ſenſiblement, qu'il en réſulte la diſette dont je parle, & ſur laquelle je me ſuis déjà étendu plus haut, dans l'hypothèſe que j'ai faite ſur la Suéde & le Danemarck. J'en vais expliquer les cauſes. La premiere eſt, que les Payſans qui reſtent aux terres, étant obligés de payer plus d'impôts, ont à ſe reſtreindre de beaucoup ſur les denrées qu'ils reſervoient pour eux-mêmes ; conſéquemment ils conſomment moins. Une grande quantité d'Ouvriers, ayant moins d'ouvrage dans ce temps, reçoivent & conſomment moins auſſi. Enſorte qu'il ſe répand réellement ſur une partie conſidérable de claſſes inférieures de l'Etat, une eſpéce de famine ſourde, qui y cauſe un dépériſſement, & diminue la population. Il y a loin de la quantité de denrées qui eſt abſolument néceſſaire à un homme pour ſubſiſter, à celle qu'il conſommeroit, s'il étoit dans l'aiſance. Une grande partie des hommes étant obligée de ſe retrancher ſur leur ſubſiſtance, pendant la durée d'une guerre, ces retranchemens font le même effet ſur le prix des denrées, que ſi leur quantité étoit demeurée la même. Leur valeur n'augmente pas. Si d'ailleurs un Etat en guerre achete des vivres chez l'Etranger, les vivres de l'intérieur deviendront à meilleur marché qu'avant la guerre. Dans la guerre derniere, toutes nos armées vivoient des denrées de l'Allemagne, à qui nous faisions passer notre argent en échange. Aussi les vivres étoient-ils baissés de prix, dans plus d'une de nos Provinces.

Les petites Républiques de l'antiquité étoient très-fortes, parce qu'elles ne connoissoient presque point le luxe.

En général, le nombre des hommes étant déterminé par le produit des terres, il ne peut s'établir de nouvelles classes dans l'Etat, qu'elles ne diminuent la force des classes nécessaires qui s'y sont établies les premieres. Si Rome avoit eu dans son sein, dès les premiers siécles de sa fondation, un nombre d'Ouvriers de luxe proportionné à sa grandeur, il est vraisemblable qu'elle n'auroit pas pu ſoutenir autant de guerres ſanglantes qu'elle en a ſoutenues.

C'eſt ſur ce principe, ſans doute, que Lycurgue ſe détermina à proſcrire tous les Arts, tous les Métiers de luxe, & même une grande partie de ceux de commodité, du ſein de la Laconie, à qui il vouloit donner, & à qui il donna en effet toute la force dont elle étoit ſuſceptible. Il en chaſſa les Poètes, les Muſiciens & les Danſeurs de profeſſion, & il ordonna en même temps à ſes Citoyens l'uſage de la danſe & de la muſique. Il voulut que l'on conſacrât par des Odes les belles actions des Particuliers. Faiſant de tous les métiers le partage des Eſclaves, & de tous ſes Citoyens des Soldats. Il n'avoit point à craindre que les profeſſions qui affoibliſſent en rendant ſédentaires, nuiſiſſent au courage ou à la bonté de la complexion de ces derniers. Cependant il réduisit tout au plus simple & au plus strict nécessaire, pour que, se trouvant moins d'Ouvriers à nourrir sur la masse des denrées du Pays, il en restât pour entretenir un plus grand nombre de Guerriers. Il crut faire assez pour un peuple qu'il chérissoit, & qui l'avoit choisi pour son Législateur, en le rendant puissant, tranquille & sans besoin.

ARTICLE VII.

Mouvement des classes d'Artistes & d'Ouvriers de luxe.

La classe des Artistes & des Ouvriers de luxe, se trouve dès le premier instant gênée dans son accroissement.

LES classes d'Artistes & d'Ouvriers de luxe n'augmenteront pas en même proportion que les autres classes de l'Etat. Ainsi leur établissement diminue l'accroissement total de la population. A mesure que le nombre des Cultivateurs augmente, il faut plus d'Ouvriers de nécessité; & cette derniere classe grossit en nombre. Il croît plus de denrées dans l'Etat; le produit de l'impôt se trouve plus fort; le Gouvernement a de quoi entretenir plus de monde; la classe de ceux qu'il emploie doit augmenter: tout marche ensemble. Mais quand la classe des Cultivateurs augmente, leur condition, comme nous l'avons vu, devenant plus mauvaiſe par l'augmentation du travail moyen, ils ont moins à donner au gracieux. Les Artiſtes & les Ouvriers de luxe reçoivent moins.

Si la claſſe dont nous parlons ne tiroit ſa ſubſiſtance que des Gentilshommes, elle augmenteroit en même proportion que toutes les autres claſſes de l'Etat.

Si l'on ſuppoſe que les Artiſtes & les Ouvriers de luxe ne tirent rien des Cultivateurs, & qu'ils ne ſont employés que par les Gentilshommes, leur claſſe prendra le même accroiſſement que toutes les autres, & recevra toujours des denrées proportionnément à ſon augmentation naturelle, pourvu qu'il y ait toujours de nouvelles terres à défricher, & que celles-ci ſoient en état de ſupporter la totalité de l'impôt établi. La raiſon en eſt, qu'alors le produit de l'impôt augmente à-peu-près en même raiſon, que le nombre des Cultivateurs. Ainſi la classe des Gentilshommes, sur laquelle ce surcroît d'impôts se reverse, augmentera en même proportion ; & elle fera augmenter de même toutes les classes qui dépendent d'elle.

Temps où la classe des Artistes éprouveroit la plus grande souffrance.

Mais lorsqu'on en viendra à défricher des terres qui ne pourront pas supporter les mêmes charges que les premieres, la classe dont je parle souffrira beaucoup. En voici la raison. Le produit de l'impôt ne pouvant plus augmenter, la classe des Gentilshommes se trouvera bornée à une quantité déterminée de denrées. Cependant cette classe, augmentant en nombre par sa population naturelle, consommera plus par elle-même. Ainsi, loin d'augmenter sa dépense totale, elle sera obligée d'en retrancher quelque chose, c'est-à-dire, de donner moins au gracieux & au luxe,

C'eſt de cette ſorte, que, quoique dans les premiers inſtans les Artiſtes & les Ouvriers de luxe ne paroiſſent point diminuer la population de l'Etat, leur établiſſement l'empêche cependant de parvenir auſſi promptement qu'il le pourroit, à la plénitude de ſa force.

Preuve de la vérité précédente.

Suppoſons qu'il y ait dans un Etat trois millions de Cultivateurs & douze cens mille Ouvriers de luxe, & qu'on en ſoit à défricher des terres ſur leſquelles on ne puiſſe mettre aucun impôt. L'année d'après, il doit y avoir cent mille Cultivateurs de plus, leur nombre devant être augmenté d'un trentieme. Mais il ne faut toujours compter que ſur douze cens mille Ouvriers de luxe. Leur claſſe ne recevant que la même quantité de vivres qu'elle recevoit auparavant, elle ne peut pas

CHAP. III.

augmenter; ou, si elle augmente pour un moment, elle reviendra bientôt à son premier point, puisque le nombre de ses hommes doit nécessairement se mettre en équilibre avec ses moyens de subsistance. Au lieu de cela, si tous ceux de cette derniere classe étoient restés aux terres, l'accroissement total de la population se seroit trouvé de trente mille hommes de plus.

Pour simplifier la chose, je fais abstraction ici des autres classes qui peuvent se trouver dans l'Etat. Ces dernieres, quelles qu'on les suppose, ne peuvent rien changer au résultat de mon calcul.

Dans tout état de cause, il est avantageux qu'il y ait des Ouvriers proprement dits, concernant les

Il n'en est pas des Ouvriers nécessaires, comme des Ouvriers de luxe. Quand les premiers seroient restés confondus dans la classe des Cultivateurs, & quand

chacun

chacun travailleroit soi-même toutes les choses dont il se trouveroit avoir besoin, la population n'en deviendroit plus grande en aucun temps : tout n'en iroit que plus mal. Si quatre Cultivateurs, tirant tout d'un Ouvrier qu'ils occupent seuls, cultivent chacun quarante arpens, ils ne pourroient, par un travail égal, en cultiver que trente-deux, s'ils étoient obligés à faire par eux-mêmes ce qu'ils prennent de lui. En remettant celui-ci aux terres, il ne cultiveroit que trente-deux arpens, comme les autres ; & il ne se trouveroit en tout que les mêmes quantités de terres qui fussent cultivées. Tout en iroit moins bien, parceque chacun étant occupé à plus de choses, on les feroit toutes plus mal.

CHAP. III. professions premiéres de nécessité.

Il est évident que l'établissement du luxe augmente dans la société

Chap. III. la ſomme des travaux, ſans y rien produire de réel : il n'augmente, ni le nombre des hommes, ni celui des choſes. Ce qui eſt à décider, c'eſt, ſi le gracieux, qu'on peut croire qu'il ajoute aux choſes utiles, fait un équivalent bien juſte pour les maux qu'il cauſe. Mais cette queſtion, étant purement morale, n'eſt point de mon ſujet.

Je viens de rechercher les principes & les effets du développement des Arts & des Métiers de luxe. Voyons maintenant comment a pu s'établir la propriété des terres : comment parmi les Deſcendans de cette aſſociation d'hommes, tous également libres & puiſſans, il pourroit arriver, par la ſucceſſion des temps, que les uns menant une vie parfaitement oiſive & inutile, euſſent acquis le droit de jouir de la plus grande abondance, & d'y faire vivre pour leur ſervice une troupe de gens auſſi inutiles qu'eux; tandis que d'autres, ſous le poids d'un travail accablant, ne pourroient avoir qu'une quantité inſuffiſante de denrées les plus groſſières, & ne verroient dans l'avenir qu'une vieilleſſe prématurée que leur attirera l'excès épuiſant de leurs maux, & que la perſpective d'une miſere affreuſe & décourageante.

CHAPITRE IV.

Des Possesseurs des terres.

ARTICLE PREMIER.

Origine de la propriété des terres, & son étendue naturelle.

Naissance du droit de propriété établi sur les fonds de terres.

AUX deux Loix qui ont dû nécessairement être établies dès les premiers momens du pacte social des familles agricoles que je considére, pour assurer à chacun la propriété de ce qu'il fera de ses mains, & le produit des champs qu'il cultivera, on ajoutera bientôt une autre Loi, laquelle accordera à tout homme qui aura cultivé un champ, le droit de continuer par la suite à le cultiver de préférence à tout autre Citoyen. Outre que cette Loi est naturelle, elle paroît devoir être utile à l'Etat. Il est à croire qu'un homme, en travaillant toujours les mêmes terres, connoîtra mieux ce qu'elles peuvent porter, & l'espéce de travail qu'elles demandent; qu'il ne cherchera pas à les épuiser; qu'enfin il en tirera meilleur parti, que qui que ce soit. Si cette Loi n'étoit pas faite, chacun voulant cultiver les meilleurs sols, il en résulteroit des querelles innombrables & sans fin, & l'homme qui ne seroit attaché à rien, deviendroit vagabond.

Nature du droit de propriété.

La propriété du champ, de la maniere même dont on la conçoit parmi nous, n'est autre chose que cette préférence à le cultiver. Je crois que l'on conviendra facilement que, dans aucun pays du monde, l'esprit de la loi qui établit la propriété des ter-

Chap. IV.

res, n'a pu être autre, que d'accorder une ſimple préférence à leur culture. Il eſt évident que la loi n'a jamais pu avoir en vue de donner à des Citoyens le droit de rendre inutiles, s'ils le veulent, les terres de l'Etat, en ne les cultivant pas. Il paroît par-là qu'on doit perdre le droit de propriété qu'on a ſur une terre, quand on la laiſſe tomber en friche. C'eſt par cette raiſon ſans doute, qu'en France, & par-tout ailleurs, on n'a jamais héſité de porter, pour le bien de l'Etat, des Loix qui accordent les terres incultes à ceux qui voudroient les mettre en valeur.

Hérédité du droit de propriété ſur les terres.

Le droit de préférence à cultiver une terre, doit naturellement paſſer du pere aux enfans. Car, outre que les enfans ont déjà pris poſſeſſion du champ, en aidant leur pere à travailler, le pere, dans la vue du profit que ceux-ci doivent en tirer, y fera toutes les améliorations possibles. On ne voit d'ailleurs aucune raison qui porte à transférer ce droit à d'autres.

Restriction qu'on pourroit opposer à ce droit.

L'établissement du droit dont nous parlons, ne peut évidemment produire aucun abus, tant qu'il ne s'étendra qu'aux terres que chaque famille pourra cultiver par elle même. Sans l'y borner par aucune loi, il s'y trouvera naturellement restreint, tant que toutes les terres, du moins celles d'une certaine bonté, ne seront encore ni défrichées, ni occupées. Car celui qui, par différentes causes que je vais détailler, posséderoit plus de champs qu'il n'en pourroit cultiver, ne trouveroit personne qui lui fît un avantage pour les travailler à sa place. Chacun auroit à prendre pour ſoi-même aſſez d'autres terreins. Le Propriétaire ſeroit donc obligé d'abandonner au premier occupant les terres qu'il auroit de trop.

Mais quand tout ſera cultivé ; ce droit de préférence donnera lieu à des accenſemens & à des baux : voici comment.

Article

Article II.

De l'inégalité des possessions, des accensemens & des baux.

Origine des accensemens & des baux.

La différence de population, d'industrie & de goût au travail, sera bientôt naître des partages considérablement inégaux. De-là les uns auront trop, & les autres trop peu de terres; & les indigens se trouveront forcés de contracter avec ceux qui seront surabondans en possessions, lorsque toutes les bonnes terres seront occupées.

Premiere cause naturelle de l'inégalité des possessions.

Que dans le moment de la pleine culture il se trouve, comme il doit naturellement arriver par la variété des accidens, que, de deux familles composées chacune de quatre enfans, l'une augmente jusques à sept, l'autre au contraire diminue, & se réduise à un, le fils unique héritera seul d'autant de possessions, que

Chap. IV. les ſept enfans de l'autre famille en hériteront entr'eux. Le premier aura trop, les autres trop peu. Si la loi avoit mis au droit de préférence à la culture la reſtriction dont j'ai parlé, tout ce qui réſulteroit de ces deux états de famille, c'eſt que la plus nombreuſe reprendroit pour ſoi les terres que l'autre ſeroit obligée d'abandonner. Mais ſi la loi laiſſe ce droit ſans reſtriction, alors la famille nombreuſe, ne pouvant retirer de ſes fonds qu'une ſubſiſtance très-inſuffiſante, ſera obligée de contracter avec l'autre. Les pauvres diront aux riches: » Donnez-nous vos terres à cultiver, pour que nous ayons un » moyen de vivre en travaillant; » & nous vous donnerons une partie des fruits que nos travaux leur » feront rapporter». Ce contrat fait, ſi le riche y céde ſon droit à perpétuité, c'est un accensement; c'est un bail, s'il ne le céde que pour un temps.

Droit naturel des surabondans possesseurs.

Il est naturel, ne fût-ce que pour éviter les contestations, que la loi laisse au Possesseurs d'une portion surabondante de champs, le droit de choisir celui qui doit cultiver à sa place, ce qu'il en abandonne. Il n'en faut pas davantage, pour établir les cens.

Il y aura donc des gens qui recueilleront dans les champs qu'ils n'auront pas ensemencés, & qui tireront du Cultivateur, sans lui rien rendre.

Autre principe de l'inégalité des possessions.

Le plus d'industrie & de goût au travail, peut produire entre les familles la même inégalité de fortune, que celle qu'on vient de voir naître de leur différence de population; & à la longue, cette inégalité peut se trouver très-grande.

CHAP. IV.

Ce que je dis ici au sujet de l'industrie & du goût au travail, ne peut avoir lieu, qu'autant que les Arts & les Métiers de luxe, déja connus, donneroient lieu aux Cultivateurs de faire usage des denrées qu'ils pourroient faire venir au-delà de leur nécessaire. Sans cela, ceux qui auront de bonnes terres, ne cherchant qu'à se procurer une quantité déterminée de denrées, en cultiveroient toujours d'autant moins, qu'elles seroient plus fécondes. Nul ne feroit cas de l'abondance: elle seroit parfaitement inutile. Nul ne travailleroit à avoir plus de possessions qu'un autre.

Troisieme principe de l'inégalité des possessions.

Quand la loi, regardant tout accensement & tout bail comme contraire au droit naturel, les défendroit expressément, les richesses pourroient encore devenir inégales. Il est des fonds qui rapportent beaucoup, ſans être travaillés : tels ſont les prés & les bois. Chaque Cultivateur dans le principe en a dû avoir proportionnellement aux champs qu'il cultivoit. Pluſieurs parts venant par la ſuite à ſe réunir, il doit ſe trouver des hommes, qui, en abandonnant même ſans retenue les champs qu'ils auroient de trop à ceux qui voudroient les cultiver, auroient ſans travailler de quoi vivre dans l'aiſance, par l'échange de leur excédent de fourrages & de bois, contre d'autres denrées.

Qu'on ne diſe pas que ces fonds, qui ne demandent point de culture, devroient reſter en commun. L'Etat ne peut pas le ſouffrir, ſans en voir le dépériſſement. Le Propriétaire d'un fonds quelconque en eſt le gardien aux yeux du Gouvernement.

Les champs étant plus ou moins

CHAP. IV.

Quatrieme principe de l'inégalité des richesses.

bons, approchent plus ou moins de la nature des prés; puisque les meilleurs rendent plus à travail égal. Il se trouvera qu'une partie des Cultivateurs aura toutes bonnes terres, & que d'autres n'en auront que de mauvaises. Les premiers recueilleront beaucoup plus que les autres: par cela seul, il y auroit des riches & des pauvres.

Autre mobile d'accensement.

Quand les Cultivateurs, devenus nombreux, auront défriché toutes les bonnes terres; par leur augmentation successive, & par la continuité du défrichement qui la suivra nécessairement, il se trouvera un point où il sera plus avantageux à un nouveau Colon de prendre à ferme des terres fécondes, que d'en défricher de nouvelles beaucoup moins bonnes. L'usage des baux s'établira encore par cette voie. Ces hommes étant tous libres, il paroîtroit injuste de les empêcher de contracter ensemble, pour leur avantage commun.

Raisons décisives en faveur de l'établissement des Cens.

Mais une raison bien plus forte en faveur des contrats d'accensement, ou de baux : raison qui doit non-seulement les faire permettre, mais encore les faire regarder comme nécessaires, c'est qu'il faut du bétail pour cultiver, & des avances pour défricher. Il peut arriver à une famille des accidens qui détruisent son bétail : elle peut essuyer un incendie, & perdre tout ce qu'elle a d'avances : des enfans, laissés en bas-âge, auront consommé dans leur enfance tout ce que leur pere leur avoit laissé d'économie, & arriveront dénués de tout à l'âge de travailler. Il vient des infirmités, &c. Si l'on ne peut pas dire que, dans tous ces cas, les familles malheureuſes ne pourroient abſolument pas travailler ſans ſecours, on voit du moins qu'il leur ſera plus avantageux & plus court d'affermer des champs féconds, ou de demander à ceux qui auront été plus heureux, des avances qui les rétabliſſent ſur le champ, à charge de payer à leurs bienfaiteurs un cens ou un intérêt convenu, que de s'en tenir à l'unique reſſource de travailler de leurs bras, comme Journaliers. Si le chef d'une famille malheureuſe ne prenoit pas un de ces deux partis, cette famille reſteroit long-temps dans des ſouffrances auxquelles ſuccomberoit peut-être une partie de ceux qui la compoſent. Le moins qui en pourroit arriver, c'eſt qu'elle ſeroit réduite à une population moins forte. Ainſi les deſcendans des premiers Cenſitaires, à prendre les choſes dans l'origine, doivent ſouvent leur vie aux ſecours que leur famille a reçus des Ancêtres de ceux à qui ils payent le cens. Je ne doute pas même qu'il n'y en ait en France un très-grand nombre dans ce cas.

Cette raiſon de l'attache du cens à la poſtérité du Cenſitaire, eſt la même, que celle qu'on donne de l'extenſion de l'eſclavage à la poſtérité de l'Eſclave.

Si l'inégalité des richeſſes n'avoit point eu cependant d'autres ſources, que celles dont je viens de parler, elle n'auroit vraiſemblablement jamais été auſſi grande, que nous la voyons parmi nous. En effet, les accidens qui la produiroient, ſeroient rares, & pourroient ſe contredire. Celui qui a été fils unique & ſeul héritier d'une portion de terre étendue & féconde, pourra devenir pere d'une quantité d'enfans, qui donnera le jour à une postérité nombreuse. Celui qui aura gagné un cens sur un autre, en lui prêtant pour rétablir sa maison, pourra être forcé à le perdre, par le feu qui prendra à la sienne: & ainsi du reste. Il a donc fallu une autre cause, pour porter cette inégalité au point où elle se voit à présent.

Nouveaux principes de l'inégalité des richesses.

L'usage de l'argent, ou plutôt le profit qu'on a trouvé dans les entreprises qu'il donnoit occasion de faire, est une des plus grandes causes de la vente des terres, & de l'inégalité des richesses. J'en parlerai au Chapitre septieme, où il sera traité *du taux de l'argent & du prix des terres.* Les Charges de l'Etat, la multiplication des besoins qui est venue de l'habitude des aisances, en sont encore d'autres causes.

Je ne m'étendrai point à présent là-dessus, parcequ'en le faisant, j'anticiperois sur les matieres.

Principe de la prodigieuse inégalité des richesses que nous voyons parmi nous.

On a autorisé la vente des terres. Par-là, celui qui s'est enfin trouvé riche par quelque voie que ce fût, a eu un moyen pour augmenter continuellement ses richesses, & pour les porter, par le laps des temps, à un point prodigieux, & au-delà de toutes bornes. L'heureux héritier a voulu, en acquérant de nouvelles possessions, augmenter son bien-être, & fixer le bonheur sur lui, & sur sa postérité. Les Artistes d'une capacité au-dessus de la médiocre, par l'excès de leurs gains, & les Gentilshommes, par un peu d'économie, ont été en état d'acheter, & l'ont fait. Depuis ce temps, tout Cultivateur qui a eu un accident considérable, s'est vu, ainsi que ses descendans, ruiné à perpétuité : & toutes les terres ont été bientôt enlevées aux premiers Possesseurs qui les cultivoient de leurs mains.*

Quand je parle de Gentilshommes, on doit se rappeller que, conformément à ma définition antérieure, je n'entends que les personnes qui sont employées à gouverner sous les ordres du Prince. Il n'y auroit point d'autres Gentilshommes dans l'Etat dont je parle.

Comme je ne me suis proposé de considérer dans les choses, que ce qu'elles ont d'utile ou de désavantageux à l'Etat, il n'est point de mon sujet d'examiner, si la faculté de s'approprier les terres par achat est, ou n'est pas contraire au droit naturel. On voit plus d'un Peuple, dans l'antiquité, qui ne le permirent pas. On en voit où les moins riches devenus les plus forts, dépouillerent les Puissans, rétablirent, dans le partage des terres, l'égalité primordiale, & qui, pour prévenir le retour de l'abus qu'ils détruisoient, fixerent pour toujours la quantité des terres que pourroit posséder un chef de famille.

Dans l'Etat Romain, qui, de toute l'antiquité, est celui à qui on donne la forme qui approche le plus de celle que je décris, le bas-peuple, qui avoit droit de parler, trouvoit fort abusif ce droit illimité de posséder des terres. Il se souvenoit toujours que, dans le principe, elles avoient appartenu, par part égale, à tous les Citoyens. Le pauvre demanda plus d'une fois à main armée aux riches, de rentrer l'un & l'autre dans la condition de leurs peres. Mais loin de regarder ces monumens historiques comme une autorité qui puisse appuyer l'opinion, qui condamne la vente perpétuelle & la possession illimitée des terres, on ne peut s'empêcher de trouver cette demande ridicule dans un peuple, qui, comme celui de Rome, pensoit qu'on pouvoit se vendre soi-même pour de l'argent, & réduire en même temps ses descendans à l'obligation d'être esclaves aux mêmes termes, que le sont les Négres que nous employons en Amérique.

ARTICLE III.

Mouvemens produits par l'établissement de la classe des possesseurs des terres.

L'établissement de la classe des Possesseurs de terres diminue dans l'Etat l'accroissement de la population.

EN considérant l'Etat dans le temps où il marche vers sa population totale, on voit que l'établissement des Possesseurs, non Cultivateurs des terres, éloigne cet Etat de son but, & lui ôte une partie des Citoyens dont il devroit naturellement s'accroître chaque année; car nous avons vu jusqu'ici toutes les classes se soutenir mutuellement. Les Cultivateurs, en se multipliant, faisoient augmenter la classe des Gentilshommes: ceux-ci faisoient multiplier avec eux les Artistes & les Ouvriers de commodité & de luxe. Toutes ces classes ensemble, en devenant plus fortes, faisoient augmenter les travaux, le gain, & conséquemment le nombre des Ouvriers des professions nécessaires. Mais la classe des Propriétaires des terres, ne tire rien de l'accroissement des autres. Sa masse de denrées est fixe comme ses fonds. Elle est obligée d'arrêter sa population, dès le moment où elle se forme. Elle n'a, pour soutenir son accroissement naturel, que la voie de faire continuellement de nouvelles acquisitions : voie difficile & incertaine. Aussi vraisemblablement, dès qu'elle sera un peu forte, elle croîtra plutôt en nombre par l'addition de nouveaux Citoyens heureux ou industrieux, que par sa population naturelle.

On ne doit pas exiger que je donne ici le détail de toutes les variétés personnelles, que la différence

férence des esprits, des goûts & des accidens physiques mettroit entre les sujets de chaque classe. Il est aisé de s'appercevoir que toutes ces variétés particuliéres, ne peuvent produire aucun changement dans les résultats généraux. Dès qu'il y aura des Possesseurs des terres, si l'un se plaît à économiser pour acheter de nouveaux fonds, l'autre dissipera & vendra les siens: si l'un a beaucoup d'enfans, l'autre n'en aura pas : ainsi du reste.

L'établissement de la classe des Propriétaires des terres, diminue le défrichement.

L'établissement des Propriétaires des terres, diminue dans l'Etat la masse des denrées : cela est évident, puisqu'il diminue le défrichement. Qu'un Cultivateur qui a cinquante arpens de terres labourables, & cinquante autres en prés & en bois, afferme ses fonds à un autre Citoyen, il n'y aura plus dans l'Etat qu'un Cultivateur, au lieu de deux. Le Fermier auroit été obligé de défricher, s'il n'avoit pas trouvé à travailler des terres toutes préparées : la masse des denrées en eût été plus grande.

Nouveau mal que produit l'établissement de la classe des Possesseurs des terres.

La classe des Artistes, celle des Ouvriers de commodité & de luxe, diminueront & se trouveront dans une grande souffrance, lorsque celle des Possesseurs des terres commencera à se former. Le Fermier & le Propriétaire des terres, vivant sur les mêmes fonds, ce sont deux familles, au lieu d'une, qui prélevent le nécessaire sur leur produit, avant que rien n'en puisse être sacrifié au commode. Le Propriétaire, moins riche qu'auparavant de tout ce qu'il laisse au Fermier, ne se trouve plus autant à donner à l'aisance. A mesure que l'usage d'affermer les terres s'étendra, le nombre des gens aisés diminuera.

Nouveaux mouvemens que produira l'inégalité des richesses lorsqu'elle sera très-grande.

Lorsque les richesses seront devenues fort inégales par le long usage d'affermer & de vendre les terres, la classe des Ouvriers de luxe augmentera. La raison en est que cette classe, qui ne tiroit d'abord sa subsistance que du superflu des Gentilshommes, & de celui du Cultivateur, recevra une augmentation de travail & de gain de la part des riches Possesseurs des terres. Le luxe doit sa naissance à l'inégalité des richesses, & en suit toujours les progrès. Les Ouvriers de luxe devant être aisés, les Ouvriers de commodité se multiplieront avec eux.

Si l'imposition avoit été portée d'abord au plus haut, on n'auroit jamais pu rien affermer. Le nécessaire du Cultivateur & l'impôt, auroient absorbé le produit de toutes les terres. Les fonds n'auroient jamais eu d'autres Possesseurs, que ceux qui les auroient travaillés; ou plutôt, comme nous l'avons déja dit, l'Etat auroit été le vrai Propriétaire de tous les fonds.

Article IV.

Effet de l'augmentation de l'impôt, lorſque la claſſe des poſſeſſeurs des terres eſt établie.

La claſſe des Propriétaires des terres, doit ſeule ſe reſſentir des impôts.

L'IMPÔT ne peut augmenter, ſans faire beaucoup ſouffrir les Poſſeſſeurs des terres. L'augmentation des impôts doit viſiblement diminuer la maſſe des denrées que ces Poſſeſſeurs non Cultivateurs reçoivent.

Cette claſſe en doit ſouffrir ſeule. Le Cultivateur qui doit toujours prélever ſon néceſſaire, ſe réſervera, malgré le ſurcroît d'impôt, la même quantité de denrées. La claſſe des Employés pour le Gouvernement, en ſouffrira d'autant moins, que c'eſt à ſon profit que les impôts s'établiſſent. Les différentes claſſes d'Ouvriers resteront dans leur état; parceque si les Possesseurs des terres, devenus moins riches, les emploient moins, & leur font moins gagner, les Gentilshommes & autres, devenus plus nombreux & plus aisés, les emploieront davantage.

Actions de la classe des Possesseurs des terres sur celle des Cultivateurs.

Tant qu'il y aura de nouveaux fonds à défricher, les Cultivateurs auront un sort assuré, & seront à l'abri des vexations des Possesseurs des terres. Leur condition sera bonne. On leur laissera prendre, sur les fonds, audelà du nécessaire. Il est visible que personne ne trouveroit à affermer, s'il ne laissoit à son Fermier plus que celui-ci ne pourroit gagner en défrichant. Mais quand tout sera occupé & défriché, les Propriétaires, devenus les maîtres des Cultivateurs, après les avoir réduits au plus simple néceſſaire, pourront, ſi le Gouvernement n'y tient la main, les forcer encore à ſe retrancher, pour partager avec eux le poids des nouveaux impôts. Alors la claſſe des Colons, ne recevant plus une quantité ſuffiſante de denrées, dépérira, & fera tomber toutes les autres claſſes avec elle.

Rétabliſſement de la claſſe des Cultivateurs.

Mais dans ce cas, comme dans tous les autres, l'équilibre ſe rétablira de lui-même. Le ſort du Cultivateur s'améliorera. Sa claſſe redeviendra peu-à-peu auſſi nombreuſe qu'elle doit l'être. Enfin, l'Etat ſe retrouvera à ſa premiere & pleine population, quoiqu'on laiſſe ſubſiſter l'impôt qui a d'abord détruit, ſi d'ailleurs il n'y a point de cauſes étrangeres qui troublent le cours naturel des choſes. En voici la preuve. La diminution dans le nombre des Cultivateurs, fera tomber des

CHAP. IV.

terres en friche. Il y en tombera toujours de nouvelles, tant que le Cultivateur souffrira dans le nécessaire. Il y aura bientôt beaucoup plus d'ouvrage, que d'Ouvriers, & l'Ouvrier sera recherché. Ceux qui verront leurs terres en friche, préféreront d'en tirer peu, à n'en tirer absolument rien. Ils affermeront moins cher. Les Cultivateurs trouveront, comme auparavant, le moyen de subsister avec leur famille, & leur classe se rétablira.

On voit que cet équilibre doit être long-temps à se rétablir. On conçoit également que l'Etat souffre beaucoup de ces combats de la classe des Propriétaires, contre celle des Cultivateurs. Cependant ces combats se renouvelleront à chaque nouvel impôt que l'on mettra sur les terres ; jusqu'à ce qu'enfin, l'impôt étant au plus haut,

haut, la classe des Propriétaires soit entiérement éteinte.

Moyens qu'on a employé en divers lieux, pour arrêter les vexations des Possesseurs des terres.

On a cherché en divers temps à mettre les Cultivateurs à couvert de la tyrannie des Possesseurs des terres. En France, sous les deux premieres races de nos Rois, & encore assez avant sous la troisieme, les Paysans ne payoient d'impôt qu'à leurs Seigneurs; Charlemagne, pour empêcher que les Grands ne nuisissent à la population du Royaume, en exigeant du Cultivateur plus qu'il ne pouvoit donner, après avoir fixé ce que le Cultivateur devoit rendre au Seigneur de la terre, défendit qu'on augmentât jamais leurs charges. *Voyez* ses Capitulaires, liv. V.

Pierre I, Empereur des Russes, s'y prit d'un autre maniere, pour protéger les Cultivateurs. Dans ses Etats les Gentilshommes levent l'impôt à leur profit ſur les Payſans de leurs terres, qui ſont leurs eſclaves. Enſuite ils payent au Gouvernement les impôts auxquels ils ſont eux-mêmes taxés. Cet Empereur impoſa tous les Gentilshommes, proportionnément au nombre des Payſans qui leur appartenoient lors de ſon Edit; & il ordonna que, ſi le nombre en diminuoit, le Gentilhomme payeroit toujours la même ſomme, & que, s'il augmentoit, il ne payeroit pas davantage. Par-là ce Prince crut engager ſes Gentilshommes à ne point détruire leurs Payſans par des vexations.

A Athènes, il y eut long-temps en vigueur une loi qui défendoit aux Propriétaires des terres d'exiger du Cultivateur plus du cinquieme du produit des fonds qu'ils leur donnoient à cultiver. Cette loi n'étoit point du tout juſte. La raiſon en eſt qu'il eſt des fonds dont le Propriétaire peut ſe réſerver les deux tiers, ſans gêner le Cultivateur, & qu'il en eſt d'autres dont il ne peut pas exiger un tiers en redevance, ſans mettre le Cultivateur trop à l'étroit: d'ailleurs cette loi devoit ſuivre les mouvemens de l'impôt. A ſuppoſer que le Cultivateur en ſupporte une partie, lorſque cet impôt eſt foible, le Propriétaire peut exiger plus de ſes terres, que lorſqu'il eſt fort.

Facilité que le Gouvernement trouve dans la claſſe des Poſſeſſeurs des terres pour le choix des Sujets.

L'éducation, dans la claſſe des Poſſeſſeurs des terres, devant être à-peu-près la même que dans celle des Employés en chef au maintien de l'ordre ſous l'autorité du Prince, cette premiere claſſe forme pour le Gouvernement un nouveau fonds, où il peut trouver des Sujets capables d'être élevés aux Emplois. En conſéquence elle lui donne la facilité de mettre plus de choix dans ceux à qui il veut donner quelque partie à diriger.

On voit par-là que si l'impôt, de la maniere dont nous le considérons, ne porte que sur cette classe, elle est en partie dédommagée de la perte qu'elle en souffre, par les Emplois que le Gouvernement donne à un grand nombre de Sujets qui la composent.

C'étoit la classe des Possesseurs des terres, qui, dans les Républiques anciennes, fournissoient les meilleurs Soldats, ainsi que Végèce le dit dans son Traité sur la guerre, au Chap. des Enrôlemens. On en voit un exemple frappant à Rome, en la personne des Chevaliers Romains; on le voit à l'égard des autres Républiques, par la distinction qu'on y faisoit des troupes de Citoyens, d'avec les troupes mercenaires.

Dans beaucoup de Républiques anciennes, on ne vouloit pas que les Citoyens travaillassent au commerce, à l'agriculture, ni aux arts. Ils ne devoient s'occuper que des exercices qui ont rapport à la guerre. On ne reconnoissoit aussi pour Citoyens, que les Possesseurs des terres : ils étoient censés faire le fonds de l'Etat.

CHAPITRE V.

Des Monnoies.

ARTICLE PREMIER.

De la valeur réelle des Métaux.

Nécessité des Métaux.

LES Métaux sont nécessaires à un Peuple cultivateur. Il lui faut des maisons dans lesquelles ces Métaux entrent, tant pour la liaison des matériaux, que pour quantité d'autres usages. Il faut des outils de mille espéces, qu'il est avantageux de construire des matieres les plus résistantes & les plus durables. Le métal doit nécessairement avoir chez tous les Peuples une valeur réelle; c'est-à-dire, représenter une portion de denrées & de toute autre marchandise.

Quelle est la moindre valeur que puisse avoir un métal.

Les mines fussent-elles aussi communes que les carrières & le sable, un lingot de métal s'échangera toujours au moins contre une quantité de denrées égale à ce qu'en auroient pu faire venir les Ouvriers qui l'ont fondu & purifié, s'ils avoient travaillé à la terre, au lieu de travailler à la mine. C'est la loi de l'équilibre.

Valeur rélative des différens métaux.

La valeur rélative des différens métaux sera déterminée par leur rareté & leur meilleure qualité. Je comprends, sous le terme de rareté, non-seulement le moins d'abondance des mines, & le plus de difficulté à rencontrer dans leur exploitation, mais encore le plus d'usage qu'on ait à faire du métal. C'est le grand usage qu'on en fait, qui, augmentant sa consommation, & multipliant les demandes des Acheteurs, forme sa vraie rareté dans

CHAP. V.

le ſens du commerce : elle produit le même effet ſur ſa valeur, que ſi ſa maſſe étoit diminuée. Par meilleure qualité, j'entends la ſalubrité, la ductilité, le liant, le poli, le brillant, la dureté.

Avantage du cuivre ſur le fer.

Le cuivre, par ſon excès de valeur ſur le fer, nous donne un exemple frappant de ce que peuvent la ductilité, le brillant & la rareté ſur le prix des métaux. A l'exception des piéces d'artillerie qu'il rend plus fortes à peſanteur égale, il pourroit être remplacé par-tout avec avantage par le fer. Cependant, malgré ce qu'il a de mal ſain, & le danger où nous met ſon uſage, on le recherche, on l'emploie dans toute occaſion de préférence au fer; & ſon prix ſe ſoutient parmi nous beaucoup au-deſſus de celui de ce dernier.

L'or & l'ar-

L'or & l'argent ayant à un degré très-haut toutes les qualités qui peuvent rendre un métal cher, ont dû nécessairement avoir une valeur beaucoup plus grande que tous les autres métaux, & l'on a dû toujours avoir une grande quantité de denrées pour une très-petite quantité d'or & d'argent.

gent ont naturellement plus de valeur que tous les autres métaux.

Ces métaux, se trouvant avoir beaucoup de valeur sous peu de poids, sont très-commodes pour les échanges. Il m'est bien plus facile, pour acquérir une quantité de denrées ou de marchandises quelconques, de porter deux livres d'argent, qu'une quantité de grains de même valeur.

Il est naturel & avantageux de se servir des métaux pour les échanges.

Le temps & les accidens ne changeant rien à leur qualité intrinséque, celui qui cherche à vendre, doit préférer l'argent à des denrées de même valeur. Et ceux qui ont voulu assurer leur repos, en se formant un amas de choses utiles, ont dû rechercher le métal le plus précieux par-dessus tout.

Ainsi, c'est par leur nature que l'or & l'argent sont devenus le centre de tout échange, & la mesure commune de la valeur de toutes choses. C'est parcequ'ils sont la plus durable, la moins pésante à valeur égale, la moins sujette aux avaries, de toutes les marchandises. C'est encore parcequ'ils sont de toutes les marchandises, celle qu'il est le plus aisé de réduire à un titre, ou valeur uniforme.

ARTICLE II.

Des Métaux considerés comme Monnoies.

Nécessité des Monnoies proprement dites, ou celle de marquer les piéces de Métal qui doivent servir aux échanges.

DE's que l'usage eut mis l'argent de moitié dans presque tous les échanges, le Gouvernement, pour procurer le bien public, en prévenant les fraudes, a dû exiger qu'on ne se servît pour les achats, que des piéces auxquelles il auroit mis sa marque, pour en assurer le poids & le titre.

Cette marque ne fut d'abord qu'un poinçon à-peu-près de même espéce que les marques de contrôle, qu'on met en France sur les piéces de vaisselle & autres. Les pistoles de Portugal, ne sont encore à présent qu'un petit lingot d'or poinçonné. On sçait qu'il n'y a pas long-temps qu'on

Chap. V.

donne dans les autres Royaumes de l'Europe une forme réguliére aux Monnoies, & une marque qui remplit toute leur surface.

L'argent, qui jusqu'alors n'avoit servi que comme métal, servit aussi comme monnoie. Ce nouvel usage augmentant sa rareté rélative, dut faire augmenter aussi sa valeur.

Tous les métaux fixes peuvent être employés en monnoies.

L'or & l'argent se trouvant d'un très-grand prix, on a été obligé de faire, avec des métaux plus communs & moins bons, des monnoies qui ayant peu de valeur, pussent servir aux petits achats. Chez plusieurs Nations, on s'est servi de cuivre. Aux Indes, on en a fait d'étain: & ce métal entre aussi dans les monnoies actuelles de plusieurs Princes de l'Europe. A Sparte, on en fit de fer. On peut en faire de tous les métaux fixes.

Réflexion sur la monnoie de fer des Spartiates.

A Sparte, les monnoies de fer n'avoient de valeur que comme lingot de fer; de même que nos piéces d'or n'ont guère d'autre valeur que celle de l'or qu'elle renferme. La preuve de ce que j'avance, est que les Historiens nous disent, que dans cette Ville, où les Citoyens se voloient continuellement entr'eux, un homme, en volant sa charge de monnoie courante, n'en emportoit que pour peu de valeur; aussi on ne voloit que pour le mérite d'avoir volé. Et quelqu'étrange que la chose puisse nous paroître, on ne voloit pas dans ce pays-là pour le profit, mais pour la gloire qui revenoit de l'adresse avec laquelle on avoit volé.

La monnoie de fer pouvoit suffire dans une petite République comme Sparte, d'où toute espéce de luxe étoit bannie, & dont les

Citoyens, vivant presque toujours en commun, n'avoient jamais à faire que de très-petits achats, & en très-petit nombre. Mais il seroit absurde d'en proposer l'usage parmi nous, n'y eût-il même point de luxe. Il suffit qu'un Etat soit grand, pour exiger qu'il y ait des monnoies précieuses. Dans un grand Etat, il doit souvent se faire de grandes entreprises, & conséquemment de gros achats.

Rien n'étoit plus conforme à l'esprit des loix de Lycurgue, que la proscription de l'or & de l'argent, soit en meubles, soit en monnoie. Mais eût-il omis ce point, il paroît que ses loix auroient toujours eu leur plein effet. Tout objet de luxe étant banni, & tous les Citoyens ayant leur nécessaire, sans travailler d'aucune façon, l'or & l'argent leur devenoient inutiles. On place l'époque de la corruption des mœurs à Sparte, au retour de l'or & de l'argent que Lyſander y fit entrer; mais il me paroît qu'on prend l'effet pour la cauſe. Si lês mœurs n'avoient pas été déja corrompues, les Citoyens n'auroient fait aucun cas de l'argent. Il n'auroit pu être d'aucun uſage parmi eux. Ils l'auroient rejetté, ne fût-ce que parcequ'il étoit contraire aux loix de s'en ſervir, ou d'en garder chez ſoi. C'eſt donc vraiſemblablement la corruption des mœurs, qui rappella l'or à Sparte, & non pas le retour de ce métal qui corrompit les mœurs.

Loix générales ſur les différentes eſpéces de monnoie.

Il faut dans un Etat, que depuis la monnoie la plus haute juſqu'à la plus baſſe, il y ait une ſuite de piéces intermédiaires, qui rendent aiſés les échanges de toutes les monnoies entr'elles. Il

CHAP. V.

faut que la valeur de toutes les différentes espéces soit déterminée très-juste, par la valeur du métal dont elles sont composées; sans quoi il se fera sur leur change un agiotage très-inquiétant & très-dommageable pour le peuple, ou les meilleures espéces disparoîtront du commerce.

De la forme des monnoies.

Tout ce qu'on peut dire de la monnoie considérée dans sa forme, c'est que plus les piéces ont d'épaisseur, plus elles donnent de facilité à la fraude; plus elles sont minces, plus elles perdent par le frottement ou par l'usage.

Dans un Etat isolé, l'abondance des monnoies ne produit aucun bien.

Qu'il y ait beaucoup de monnoies dans un Etat isolé, ou qu'il y en ait peu, la chose est assez indifférente. Car le total des monnoies représentant toujours le total des denrées, tout ce qui arrivera, s'il y en a peu, c'est que chaque piéce aura plus de valeur.

Ainſi, dès qu'il y aura un petit nombre de mines d'or & d'argent de découvertes dans un pareil Etat, il ne lui ſera guère plus intéreſſant d'en voir découvrir de nouvelles, que ſi on en découvroit de fer. Et ſi le fer étoit rare chez lui, il lui ſeroit plus avantageux de voir augmenter le nombre de ſes mines de fer, que celui de ſes mines d'or.

On ſçait le peu de cas que les Péruviens faiſoient de l'or & de l'argent, & combien ils eſtimoient davantage nos outils tranchans, qu'une barre d'argent du même poids.

Suivant ce que nous venons de dire, il ſeroit plus avantageux que nuiſible, dans un Etat iſolé, que les Particuliers fiſſent beaucoup plus de meubles d'or & d'argent; parcequ'alors la mon-

CHAP. V.

noie restant plus rare, conserveroit toujours beaucoup de valeur, sous très-peu de poids.

Dans un Etat non isolé, la masse d'argent peut représenter plus que la totalité des denrées du Pays, ou représenter moins.

Nous avons dit que le total des monnoies représentoit le total des denrées; mais cela n'est exactement vrai que dans un Etat isolé. Dans un Etat très-commerçant, ou qui tire habituellement des denrées du dehors, la masse d'argent représente plus que la totalité des denrées du Pays. Dans un Etat qui envoie de ses denrées à l'Etranger, & qui ne fait que peu de commerce par lui-même, la totalité de l'argent représente moins. Ainsi en Hollande, la somme des espéces circulantes, représente plus que la totalité des denrées de l'Etat : en Pologne, elle représente moins : en France, elle la représente à-peu-près juste.

Réfutation du préjugé qui ne donne

Par ce qui a été dit sur les métaux, on doit voir que c'est un préjugé très-faux de penser que nos monnoies actuelles ne sont qu'une mesure commune de la valeur des choses, établies pour faciliter les échanges, sans valeur intrinséque, & n'ayant de prix que celui qu'il plaît au Gouvernement de leur donner. Personne ne peut douter que l'argent ne soit utile, & n'ait conséquemment une valeur réelle, considéré comme métal. S'il est d'une qualité supérieure à celle des autres métaux, ce que personne n'ignore, ne doit-il pas être d'un prix plus haut ? Ce qui se dit ici, & ailleurs, de l'argent, comme dénominateur vague des monnoies de haute valeur, se doit entendre de nos piéces d'or, ainsi que de toutes autres piéces qui pourroient exister.

CHAP. V. aux monnoies qu'une valeur convention-nelle.

Si un Sauvage ne fait nul cas d'une piéce d'or : s'il lui préfére l'eau-de-vie & le tabac, on n'en peut rien conclure contre la valeur intrinséque de ce métal. Cet homme brute rejetteroit de même le soc d'une charrue, parcequ'il ne laboure pas; un balot de cotton, parcequ'il ne connoît pas l'art de l'employer; ou un fusil, s'il ne connoissoit pas l'usage de la poudre. On ne peut pas nier cependant que la charrue, le cotton, le fusil ne soient vraiment utiles, & n'aient une valeur intrinséque. Parmi les choses utiles, il en est qui ont une utilité directe. Telles sont tous les comestibles, & toutes les choses qui ont reçu leurs dernieres préparations pour être propres à notre usage. D'autres n'ont qu'une utilité indirecte, telles que les machines, les matiéres premieres qui servent aux Manufactures, &c. Le Sauvage fait cas des premieres, parcequ'il ne faut que des ſens pour être frappé de leur utilité. Il mépriſera les dernieres, parce qu'il faut, pour comprendre leur utilité, des lumieres qu'il n'a pas.

L'argent, en lui-même, a certainement une valeur auſſi réelle que les pierreries, qui ne doivent rien à l'autorité des Princes, & ſur leſquelles les hommes ne firent jamais de convention générale. Il eſt tellement marchandiſe, qu'il s'échange ou ſe vend comme toutes les autres, indépendamment de la marque du Gouvernement. En Chine même, on paye auſſi ſouvent en lingot qu'en monnoie.

ARTICLE III.

Effet de l'autorité sur la valeur des monnoies courantes.

Le Gouvernement ne peut absolument point changer la valeur des monnoies, il ne change que leurs noms.

ON a cru que l'argent n'avoit qu'une valeur arbitraire, parce-qu'on a vu les Princes changer à leur gré la dénomination de la valeur des espéces : & comme, dans les payemens de Débiteurs à Créanciers, ces derniers sont obligés de se conformer aux nouvelles dénominations des choses, on a cru que la valeur réelle de l'espéce changeoit par ses opérations. Mais si l'on y prend garde, son prix & son effet dans le commerce, ne changent point du tout. Le Prince n'est pas plus maître de changer la valeur de l'argent, que celle des autres choses usuelles. Il peut doubler la valeur numeraire du marc : il peut faire nommer *six livres*, une piéce d'argent que l'on nommoit *trois livres* auparavant. Mais ce n'est que le nom des monnoies qu'il change par cette opération, & non pas leurs effets. Le Cultivateur, ainsi que le Commerçant, compareront ce qu'ils ont à vendre à la valeur intrinséque des espéces, & non à leur valeur numeraire. Ils hausseront le prix de leurs marchandises, à proportion du haussement des monnoies ; ensorte que, pour la même quantité d'argent pésant, on ne recevra toujours que la même quantité de marchandises qu'on recevoit auparavant pour ce poids. Par le haussement de l'écu de trois livres à six, on ne change pas plus l'effet de cet écu dans le commerce, & sa valeur intrinséque n'augmente pas plus, que n'augmenteroit celle du froment si l'on ordonnoit que la continence du boisseau fût diminuée de moitié ; & qu'au lieu du poids de trente-six livres, dont il auroit été jusque-là, il ne dût plus être que du poids de dix-huit.

Ici, & presque toujours je ne considére les choses que dans leur principe, & dans le terme de leur effet. Mais les variations dans les monnoies, comme dans tout le reste, ne produisent pas d'abord tout l'effet qu'elles ont à produire ; les choses ne reviennent à l'équilibre & au point où nous le disons, que par un mouvement successif, plus ou moins lent. Un nouvel Edit sur les monnoies qui change la livre numeraire, & qui a pour base l'autorité plus que la proportion existante des métaux, cause, avant que de parvenir à son plein effet, un un nombre infini de désordres d'autant plus grands, qu'ils choquent plus cette proportion, & que l'autorité s'y fait sentir davantage; & ce qu'il y a de plus étrange dans cette révolution, c'est que plus le mouvement doit être grand, plutôt il se trouve achevé: accélération de secousse, qui double le mal que toute secousse produit naturellement.

La valeur réelle des espéces, ne peut changer que par l'augmentation ou la diminution de la masse des monnoies circulantes.

Pour que le Gouvernement, en haussant les monnoies, augmentât leur effet dans le commerce, il faudroit qu'il diminuât le nombre des espéces proportionnellement à la valeur qu'il veut donner aux monnoies subsistantes. Par exemple, pour que l'écu de trois livres montât & fît l'effet de six livres, il faudroit ôter de la France la moitié des monnoies circulantes qui y sont. Alors, pour cette piéce, on recevroit en marchandiſes le double de ce que l'on reçoit à préſent : & cela arriveroit, ſoit que l'on changeât ſa dénomination par un Edit, ſoit que l'on continuât à lui donner la même valeur numéraire qu'auparavant.

ARTICLE IV.

Effet des variations de la valeur des Monnoies ſur le ſort des Citoyens.

TOUT ce qui réſulte du hauſſement des eſpéces, c'eſt que les Débiteurs gagnent ſur leur dettes une partie proportionnelle à leur nouvelle augmentation de valeur numéraire, & ſe libérent conſéquemment avec plus de facilité vis-à-vis de leurs Créanciers. Ainſi il arrive, par de pareilles opérations, qu'on donne ou qu'on fait paſſer aux diſſipateurs & aux fainéans, une partie des fruits du travail des Citoyens laborieux & économes.

Par le hauſſement des eſpéces, les Débiteurs gagnent une partie de leurs dettes.

Suivant l'état actuel des choſes, celui qui doit en France douze mille livres, ne peut s'acquitter qu'en donnant à-peu-près ſix mille boiſſeaux de froment, ou leur valeur en autre marchandiſe. Il en a reçu le prix. Qu'on double la valeur numéraire des eſpéces: celle du froment doublera de même, & le Débiteur s'acquittera avec trois mille boiſſeaux.

Il ne faut pas croire que le prix du froment étant doublé, il ſera auſſi difficile à un Débiteur d'en donner trois mille meſures après le hauſſement des monnoies, qu'il le lui étoit d'en donner ſix mille auparavant. Dans un temps, comme dans un autre, il lui ſera également aiſé de s'en procurer, & d'en donner le même nombre.

Avantages directs que le Gouvernement tire du hauſſement des eſpéces.

Le hauſſement des monnoies eſt tellement à l'avantage des Débiteurs, que l'on ne voit pas qu'aucun Gouvernement les ait jamais hauſſées, que quand, ſe trouvant lui-même débiteur trop chargé, il se donnoit par-là un moyen de se libérer plus aisément.

L'Etat, par l'avilissement de la livre numéraire, ne gagne pas seulement sur ses Créanciers proprement dits, tels que sont ceux de qui il a emprunté, & vis-à-vis desquels il s'est engagé, soit à un remboursement, soit à payer un intérêt annuel. Mais il gagne encore vis-à-vis de tous ceux qu'il emploie, & dont les appointemens ou gages baissent d'autant plus, que les espéces haussent conventionnellement davantage, lorsqu'elles restent pondérément les mêmes. Pour ne parler que de l'Officier militaire, sans avoir actuellement égard aux Réglemens qu'on a faits depuis Henri IV, pour leur retrancher toujours de plus en plus de leurs prérogatives, quelle diminution n'ont pas faite dans le bien-être de leur Etat, soit l'augmentation de la masse d'argent, soit les variations des monnoies.

Les Créanciers ne peuvent pas se garantir entiérement des variations qu'il plaît au Gouvernement de mettre dans les créances. Quand, dans les contrats, on stipuleroit par marcs & par onces, comme on le fit d'abord, le Gouvernement, en changeant la quantité du poids que le marc & que l'once représentent, changeroit tout de même la valeur de toute dette. Quelque mesure fixe qu'on puisse chercher, le Prince, toujours maître de la valeur des termes, le sera toujours aussi de la quotité des créances.

Cependant, comme le Gouvernement, dans les changemens qu'il fait aux monnoies, n'a jamais en vue que de se donner un moyen de s'acquitter lui même;

il paroît que ceux qui prendroient une maniere de ſtipuler différente de celle dont le Gouvernement ſe ſert, & qui ſtipuleroient par exemple leur créance en meſures de froment, lorſque le Gouvernement compte par livres, il paroît, dis-je, qu'ils n'auroient pas à craindre de variation dans leur dû.

Nous voyons par des exemples ſans nombre combien la ſtipulation en grain eſt préférable à la ſtipulation en argent.

On voit parmi nous quantité d'anciens cens & de redevances qui ſont ſtipulés, & qui ſe payent en grains, au lieu de l'être en argent. Ceux qui les ont ſtipulés de cette ſorte, ont bien fait. Tous les anciens cens qui ont été ſtipulés en argent, ſont tellement tombés de valeur, qu'on peut dire qu'ils ſont annullés. Ceux qui l'ont été en grains, ſont encore dans toute leur valeur primitive.

Le baiſſement des eſpéces fait tort aux débi-

Si on baiſſoit la valeur des monnoies, ou ſi la quantité des eſpéces venoit à diminuer, sans qu'on augmentât la valeur numéraire de celles qui demeureroient dans le commerce, on feroit tort aux Débiteurs. Dans l'exemple que nous avons donné plus haut, celui qui doit douze mille livres, s'acquitte avec six mille boisseaux de froment. Si l'on diminuoit le nombre des espéces de moitié, sans augmenter la valeur numéraire de celles qui resteroient, ils ne pourroient plus s'acquitter qu'avec douze mille boisseaux.

teurs, comme l'augmentation de valeur fait tort aux Créanciers. Demême l'augmentation de la masse des monnoies fait tort aux Créanciers, & sa diminution fait tort aux Débiteurs.

Rien n'est plus contraire au bien de l'Etat, que la variation de valeur des créances. Pour l'éviter, & pour fixer toujours les dettes au point où elles doivent l'être, il faudroit baisser les monnoies, lorsque la masse d'argent augmente, & les hausser lorsqu'elle diminue.

Si l'on y fait attention, on

verra que rien n'eſt plus intéreſſant, ni plus avantageux à l'Etat, que la ſtabilité du ſort des Citoyens. Tout ce qui y met du mouvement, tout ce qui le dérange, détruit. Nous le verrons plus clairement dans la ſuite. Et qu'eſt-ce ce qui dérange plus le ſort des Citoyens, que les variations des monnoies, ſoit qu'elles arrivent par la mutation de leur valeur numéraire, ſoit qu'elles arrivent par l'augmentation ou la diminution trop ſenſible de leur maſſe ?

ARTICLE V.

Des Monnoies purement factices.

Quelque mauvaise que soit une monnoie, si le Gouvernement lui donne cours pour le payement des impôts, s'il contraint les créanciers à la recevoir en payement de leur dette, elle acquerra nécessairement quelque crédit du moins dans les premiers momens.

LE Prince, par le pouvoir qu'il a sur les dettes, soit sur celles que les Particuliers contractent entr'eux, soit sur cette dette perpétuelle & *irrédimable* dont chaque Citoyen se trouve chargé vis-à-vis du Prince, & que l'on nomme *impôt*, peut donner cours à une monnoie factice, & la faire valoir ce qu'il veut. Telles furent les monnoies de cuir & de papier, dont nous voyons qu'on s'est servi dans l'antiquité, & même dans des temps peu éloignés du nôtre.

Les monnoies factices, ont toujours ruiné les Etats, parcequ'on n'a pas

On ne peut pas disconvenir que ces monnoies factices, considérées en elles-mêmes, ne soient un bien pour tout Etat, quel qu'il soit. Elles y produisent le même effet, que si la masse de l'or & de l'argent qu'elles représentent y étoit augmentée de la quantité qu'on les fait valoir. Toute leur valeur, dans le premier instant, est au profit du Gouvernement. En les ménageant avec économie, elles seroient dans ses mains une ressource intarissable pour tous ses besoins. Mais la facilité & le gain qu'il y a à les contrefaire, si l'on ne sçait pas l'empêcher, changent en mal tout ce qu'elles ont de bien. Multipliées bientôt à l'excès, elles deviennent de nulle valeur. Une multitude de familles se trouve ruinée, le Commerce perdu, & l'Etat dans le plus grand désordre.

pu en empêcher la contrefaction.

Un Etat qui pourroit soutenir le crédit d'une monnoie factice, n'auroit jamais besoin ni d'impôt, ni de Finance.

La monnoie factice seroit plus utile dans un Etat isolé, que la découverte d'une mine d'or ou d'argent, parceque c'est par elle-même une mine qui rend tout ce qu'on veut, & précisément dans le temps qu'on le veut. Faisant dans la partie où on l'emploie la même fonction que les Métaux, elle occupe moins de monde, & n'exige aucune consommation des matieres combustibles.

Si l'on pouvoit soutenir le crédit d'une monnoie factice, il seroit avantageux de n'en point avoir d'autre.

Il seroit fort avantageux de décrier toute monnoie de métal, dans un Etat où l'on pourroit donner une valeur fixe aux monnoies factices; parceque retranchant par-là un des usages des métaux, on les rendroit moins rares, & par conséquent moins chers. Qu'on les décrie ou non, la monnoie factice feroit toujours tomber de beaucoup la valeur des espéces monnoyées, puisqu'elle produiroit le même effet, que si le nombre en étoit augmenté. Si on ne les décrioit pas, tout hausseroit de prix, hors l'argent; &, en continuant à multiplier la monnoie factice, on parviendroit à diminuer tellement la valeur des monnoies de métal, qu'elles seroient toutes retirées du commerce, & que l'argent ne seroit plus qu'une marchandise.

La monnoie factice a cet avantage, qu'on la peut rendre aussi portative qu'on le veut. On peut donner à un coupon la plus haute valeur: & nous avons vu qu'une des qualités les plus désirables dans la monnoie, est d'être très-portative.

Si la monnoie factice étoit la seule, la valeur des marchandises en cette monnoie seroit proportionnelle à sa quantité, où, si l'on veut, à la valeur numéraire de sa masse. Toutes les fois qu'on en doubleroit la ſomme, tout doubleroit de prix.

Avantage de l'opération de la monnoie factice ſur le hauſſement des eſpéces.

L'opération de faire de la monnoie factice, ſeroit tout autrement avantageuſe à un Etat, que le hauſſement des eſpéces, ou que le baiſſement de la livre numéraire, qui eſt la même choſe. Dans la monnoie factice, l'Etat gagne tout : dans le baiſſement de la livre numéraire, il ne gagne qu'une partie.

Qu'un Etat où il y a un milliard de monnoie circulante, doive un milliard, & faſſe de la monnoie factice pour cette ſomme, ou qu'il hauſſe les eſpéces de moitié, c'eſt la même choſe pour le Particulier ; les marchandiſes montent de même numérairement au double de leur prix antérieur. Le Débiteur gagne de même la moitié de ſa dette. Mais

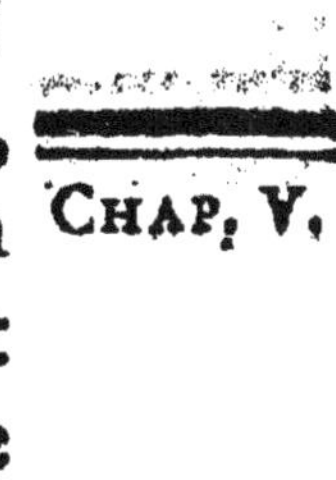

par la premiere de ces opérations, l'Etat s'acquitte net, & sans rien débourser; par l'autre, il lui faut cinq cens millions de l'ancienne monnoie pour se solder.

ARTICLE VI.

Du baissement du titre des espéces.

Effet du baissement du titre dans les espéces par rapport aux Particuliers.

LE baissement du titre dans les espéces, en fait à tous égards de vraies monnoies factices, mais dont la base est d'une valeur intrinséque considérable. Comme celles-ci, elles ont le défaut d'être bientôt multipliées par des Particuliers qui en fabriquent jusqu'à ce, qu'à force d'en diminuer la valeur par l'augmentation de leur nombre, ils ne trouvent que peu de profit à courir le danger auquel ce travail les expose. Comme elles, elles ne baissent de valeur, qu'à proportion de leur nombre : dans toutes les deux, le Prince gagne également tout ce qui les fait valoir au-dessus

ſus de leur valeur intrinſéque, & le Créancier eſſuie la même perte dans l'un & dans l'autre cas.

Dans l'état actuel des choſes, le baiſſement du titre des eſpéces eſt la moins dangereuſe de toutes les opérations ſur les monnoies.

Cette derniere opération a cependant cet avantage ſur l'autre, que ſon effet eſt plus lent, & conſéquemment moins ſenſible & moins deſtructeur. Le Peuple, qu'on n'eſt pas obligé d'avertir en la faiſant, reçoit long-temps ſans défiance & ſans chagrin les eſpéces altérées. Ce n'eſt que peu-à-peu que le ſecret s'ébruite. Voyant qu'on la reçoit toujours ſur l'ancien taux, pour le montant des impoſitions, il la croit toujours également bonne. Il eſt moins facile au Particulier d'en fabriquer, que de celle de papier: ainſi elle arrive moins vîte au point de n'avoir cours, que pour la valeur de ſa matiere.

Si l'on baiſſe le titre des eſ-

Baiſſer le titre de l'écu, ou

CHAP. V.

péces, on fait exactement la même chose que si l'on augmentoit leur valeur numéraire, sans augmenter la valeur du marc.

augmenter sa valeur numéraire, sans augmenter celle du marc d'argent, c'est faire exactement la même chose : c'est donner cours encore à une monnoie factice. On voit, dans l'une & dans l'autre de ces opérations, le même principe & les mêmes effets.

Il y a cette différence, entre l'opération de hausser tout l'argent, & l'opération d'augmenter la valeur des espéces sans toucher à celle du marc, que par cette derniere, le Prince se met dans le cas de voir contrefaire sa monnoie, & de perdre en conséquence le profit qu'il tire de sa marque, & de la voir encore multiplier contre son gré. Car si on double la valeur de l'écu, en laissant le marc à sa valeur antérieure, on trouvera plus de moitié de profit à frapper des écus : si on double la valeur du marc, en même temps que celle de l'espéce, on ne trouvera pas plus de profit à en frapper après, qu'avant l'opération.

ARTICLE VII.

Si dans un Etat il y a des eſpéces courantes de differens métaux, leur valeur rélative doit être déterminée ſur la valeur réelle du métal dont chacune d'elles eſt compoſée.

On ne peut pas plus en fait de monnoies, ſoutenir un métal contre un autre, que augmenter la valeur réelle des eſpéces.

L'ETAT, en fait de monnoies, peut vouloir ſoutenir un métal contre un autre. Pour en voir plus diſtinctement les ſuites, en conſidérant la choſe plus en grand, ſuppoſons qu'on veuille donner la même valeur, à poids égal, aux eſpéces de cuivre, qu'à celles d'argent, il arrivera qu'il ſe fabriquera bientôt une étrange quantité d'eſpéces de cuivre; que toutes les denrées & autres choſes ſe vendront ſur le taux de la plus baſſe monnoie, c'eſt-à-dire, ſuivant leur valeur réelle en cuivre ; que l'argent, dont on ne pourroit plus se servir qu'à perte, comme monnoie, cesseroit d'être employé aux échanges, & diminueroit de prix, en perdant un des usages auxquels il étoit employé auparavant ; que le cuivre au contraire hausseroit de valeur par le plus grand usage qu'on en feroit dans le Commerce.

C'est ce que nous avons vu en Allemagne dans la guerre derniere. On y frappa des demi-florins de cuivre, & l'on voulut qu'ils eussent la même valeur dans le Commerce, que les demi-florins d'argent, qui avoient cours auparavant. Dans un moment tout fut inondé de la nouvelle monnoie, & tous les demi-florins d'argent disparurent ; l'on n'en vit plus un seul. Nos écus, dont on ne détermina peut-être pas affez promptement la valeur comparative avec la nouvelle monnoie auffi haut qu'elle devoit l'être, difparoiffoient dès qu'ils étoient fortis de nos mains. Le prix de toutes denrées ou marchandifes hauffa extrêmement, & fe régla fur la valeur intrinféque des piéces courantes du plus bas titre, c'eft-à-dire, fur ce que valoient, en tant que cuivre, les nouveaux demi-florins.

Inconvénient qui fe trouve à vouloir foutenir le métal le moins précieux contre celui qui l'eft le plus.

Qu'on juge par cet exemple de ce que l'Etat gagneroit par un pareil fyftême. Il y perdroit à coup fûr, de plus d'une façon. Comme il fe trouveroit une plus grande quantité de métal employé en efpéces, il en refteroit moins pour les autres ufages auxquels on l'emploie ; & tout le genre métallique, à l'exception de l'or & de l'argent, fe trouveroit renchéri. L'Etat y perdroit davantage encore, en ce que ſon commerce ſeroit toujours gêné par l'embarras que le peu de valeur des monnoies cauſeroit dans les payemens.

Inconvénient qui ſe trouveroit à vouloir ſoutenir le métal le plus précieux contre celui qui l'eſt le moins.

Si le Gouvernement vouloit au contraire ſoutenir un métal plus précieux, contre celui qui le ſeroit moins, l'or, par exemple, contre l'argent, en accordant à ce premier métal ſur l'autre plus de valeur, que ne lui en donne ſa rareté & ſa qualité prédominante, alors toutes les marchandiſes ſe compareroient à l'or ; les eſpéces d'argent deviendroient rares ; on auroit des débats continuels pour être payé en argent ; on exigeroit un change pour en donner, & le commerce en ſeroit troublé.

Conſidérons la choſe dans un Etat non iſolé, & voyons ce qu'elle y produiroit, en y ſoutenant l'or

CHAP. V. contre l'argent. On attireroit l'or des Etrangers, & l'on feroit sortir de l'Etat l'argent qui iroit remplacer dans les Royaumes voisins l'or qu'on en auroit attiré. De même, si on vouloit soutenir le cuivre contre l'argent, on feroit sortir celui ci, & on attireroit le cuivre.

Chez toutes les Puissances commerçantes de l'Europe, une livre d'or vaut à-peu-près quatorze livres & demie d'argent, poids de marc. S'il y avoit un Pays où l'or en valût vingt, nos Commerçans y porteroient de l'or, en échange de l'argent, & il est aisé de voir combien ils y gagneroient. Pour deux livres d'or, ils recevroient quarante livres d'argent. Et rapportant ici cet argent, ils le changeroient contre deux livres douze onces d'or. Tant qu'ils trouveroient un bénéfice aussi considérable, ils continueroient d'aller d'aller troquer au même endroit notre or contre de l'argent, & de revenir ici troquer de nouveau cet argent contre notre or, jusqu'à ce que la valeur relative de ces deux métaux redevînt à-peu-près la même dans un endroit comme dans l'autre.

En Chine, la livre d'or n'équivaut qu'à la valeur d'entre neuf à dix livres d'argent. Tous ceux qui ont quelque connoissance du commerce que nous y faisons, sçavent que nous y portons de l'argent pour y acheter de l'or. Pour cent livres d'argent, on nous y donne près de dix livres d'or. En rapportant cet or en France, on nous en donne cent quarante-cinq d'argent: c'est donc quarante-cinq livres d'argent *poids de marc*, qu'on gagne sur cent livres.

Article VIII.

De la variation naturelle qui arrive dans la valeur des monnoies.

L'argent a baissé de valeur parmi nous, lorsque sa masse a augmenté.

Il doit naturellement arriver des changemens dans la proportion des masses des différens métaux qu'on emploie aux monnoies. Des mines d'un métal peuvent s'épuiser; on peut en découvrir de nouvelles d'une autre substance. Parmi nous, la découverte du nouveau monde a prodigieusement changé la proportion du cuivre à l'argent. Le commerce de Guinée a diminué la proportion de l'or à celui-ci. Par le premier de ces événemens, le prix de la livre de cuivre se trouva rapproché de beaucoup de celui du marc d'argent; & les monnoies des deux métaux, ayant été laiſſées dans la même proportion de valeur numéraire qu'auparavant, tout le monde trouva de l'avantage à retirer les eſpéces de cuivre: elles diſparurent. Par le ſecond événement, il arriva que vers le commencement de ce ſiécle, on ne voyoit plus que de l'or en Angleterre: l'argent avoit diſparu du commerce. On exigeoit un change conſidérable, pour compter en argent.

Le Gouvernement doit changer la valeur numéraire des eſpéces, ſi leur valeur réelle vient à changer.

Si les maſſes des deux métaux, venant à varier entr'elles par accroiſſement, le Gouvernement ne change rien à la valeur relative des eſpéces qui s'en fabriquent, il en réſulte le même effet que s'il ſoutenoit le métal dont la maſſe augmente, contre celui dont la maſſe reſte fixe ou varie le moins. Si ces maſſes varioient entr'elles par diminution, ce ſeroit évidemment le contraire. Dans le pre-

CHAP. V.

mier cas, les Débiteurs se trouveroient favorisés ; dans le second, ce seroit les Créanciers : dans l'un & dans l'autre, c'est un très-grand mal.

Il est donc de l'intérêt du Gouvernement d'être attentif aux variations qui arrivent dans la masse des métaux qu'il emploie aux monnoies, & de fixer la valeur des piéces qu'il en fait, sur le degré de leur abondance ; soit d'abondance absolue, si leurs masses restent fixes, ou varient toutes dans le même sens ; soit d'abondance rélative, lorsqu'il ne se fait de changement que dans les masses d'une partie d'entr'eux, ou qu'elles varient dans un sens contraire.

Beaucoup d'ancienne Noblesse a été ruinée, parceque le Gouvernement n'a pas

C'est pour n'avoir pas fait attention à l'effet que devoit produire dans nos contrées l'augmentation de la masse d'argent, que la découverte du nouveau monde y devoit nécessairement occasionner: c'est faute d'avoir baissé la valeur numéraire de l'argent monnoyé, à mesure que sa masse augmentoit, qu'on a vu parmi nous tant d'anciennes familles ruinées. Combien en trouve-t-on qui, ayant conservé toutes les mêmes rentes qui faisoient vivre leurs Aieux dans l'abondance, n'ont pas à présent de quoi subsister; parceque la livre numéraire, sur laquelle on se régle pour le payement des intérêts de toute rente, vaut quinze à vingt fois moins qu'elle ne valoit il y a deux cens ans.

CHAP. V.

fait attention à l'effet que devoit produire l'augmentation de la masse d'argent occasionnée par la découverte du Pérou.

Si la masse de cuivre restant la même, celle d'argent augmente, on sera obligé d'approcher de valeur les piéces courantes de ces deux métaux. On ne peut le faire que de deux manieres, ou

Divers moyens de proportionner la valeur numéraire de deux métaux à leur valeur réelle.

CHAP. V.

en haussant les valeurs des espéces de cuivre, ou en baissant celles des espéces d'argent. Par la premiere opération, les Créanciers, qui devroient toujours être favorisés, perdent de deux côtés, & les Possesseurs de l'argent, qui sont les Riches, & qui doivent toujours être *en defaveur*, gagnent : par l'autre, les Créanciers ne perdent rien, & les Possesseurs de l'argent ne sont ni favorisés ni lésés.

Beaucoup de personnes se sentiront révoltées de ce que nous avançons que c'est au Créancier à être favorisé par préférence au Débiteur ; l'opinion contraire est presque générale. Cependant ce que j'ai avancé, je l'ai avancé de bonne foi, & voici les raisons qui m'en ont persuadé.

Raisons pour lesquelles le Créancier doit

Un homme, en prêtant son argent, en occasionne la circu-

CHAP. V. être favorisé de préférence au Débiteur.

lation. En communiquant ses richesses, il fait non-seulement vivre celui qui les reçoit, mais il le met à portée de travailler : ce qui, en toute façon, ne peut être qu'un bien pour l'Etat. Il n'est pas besoin d'inviter aux emprunts; mais on ne peut trop engager à prêter; & on ne peut le faire, qu'en favorisant les Créanciers. Toutes les fois que le Gouvernement a opéré en faveur des Débiteurs, il en a résulté un resserrement d'espéces, qui a fait languir l'Etat : & le Pauvre, qu'on vouloit secourir, ne trouvant plus de ressources, s'est toujours vu, dans ces temps, plus à plaindre que dans aucun autre.

Toute créance, par elle-même, est sujette aux coups de la fortune. Combien ne voit-on pas de Débiteurs insolvables ! Si le Riche voit d'une part sa créance toujours baiſſer, & que de l'autre le Gouvernement la lui diminue toujours, il n'eſt pas douteux qu'il augmentera le taux de ſon argent, ou qu'il ne prêtera pas. Dans l'un & dans l'autre cas, l'honnête homme malheureux trouvera plus difficilement à rétablir ſes affaires, en travaillant ſur un fonds d'emprunt. Enfin on ne peut pas douter qu'il n'y ait bien des Débiteurs coupables comme débiteurs; & il ne peut certainement pas y avoir de Prêteurs coupables, en qualité de Prêteurs. Il n'eſt point queſtion ici des Uſuriers. La façon dont nous traitons la matiere, prouve aſſez qu'il n'y a rien ici d'applicable à ces ſortes de gens.

Au ſurplus, & il n'y aura plus alors d'équivoque, il faut bien diſtinguer le Riche, du Créancier, & le Pauvre, du Débiteur,

Le Pauvre doit être soulagé : le Riche doit être moins ménagé sans doute. Mais beaucoup sont Créanciers, sans être riches, & Débiteurs, sans être pauvres. Quand il en seroit autrement, le soulagement du Pauvre ne devroit pas porter sur sa dette, ni la charge du Riche sur sa créance.

Quant à ce que nous avons dit, que si l'on haussoit les espéces de cuivre pour les rapprocher des espéces d'argent, lorsque la masse d'argent augmente, les Créanciers perdroient de deux côtés, & que les Possesseurs de l'argent gagneroient à cette opération, tandis qu'ils ne perdroient rien de réel, si on baissoit l'argent : en voici la preuve.

Les Possesseurs de l'argent ne peuvent rien perdre au baissement de l'argent, à moins

Lorsque la masse d'argent augmente, sa valeur réelle diminue. Ainsi, en ne touchant point aux monnoies, les Créanciers perdent à cet événement, à proportion de

CHAP. V.

qu'on ne les considére comme débiteurs ; mais les créanciers perdent essentiellement par le haussement de quelque espéce que ce soit à moins que la masse des monnoies ne diminue.

l'augmentation de cette masse. Si elle est doublée, les Créanciers perdent près de moitié. Si alors, pour rapprocher de valeur l'argent & le cuivre, on haussoit le dernier, on feroit essuyer aux Créanciers une nouvelle perte. Ce seroit comme si on eût baissé la livre numéraire.

D'un autre côté, les Possesseurs d'argent ne peuvent rien perdre, si on baisse la valeur numéraire de leur métal, parceque, quelle que soit l'opération, avec la même quantité d'argent, ils auront toujours la même quantité de marchandises. Au surplus, quand il en seroit autrement, il ne faudroit y faire aucune attention, parceque les Possesseurs d'argent, sont les Riches, dont les intérêts doivent être moins ménagés, que ceux d'aucun autre. D'ailleurs ils doivent être regardés dans ce cas comme des Marchands, qui gagnent d'autant moins ſur leurs marchandiſes, qu'elles deviennent plus communes. Reprenons la comparaiſon des métaux. Revenons aux principes des opérations des monnoies.

Opérations du Gouvernement d'Angleterre.

Il en eſt de l'argent à l'or, comme du cuivre à l'argent. Lorſque la maſſe d'or ſe trouva augmentée en Angleterre en plus grande proportion que celle d'argent, pour rapprocher de valeur ces deux métaux, on baiſſa l'or. En hauſſant l'argent, l'opération auroit eu le même effet, que ſi on eût baiſſé la livre numéraire. Nous avons quelques rémarques à faire ſur la conduite du Gouvernement Britannique en cette occaſion; mais obſervons dabord que, par l'autre maniere, on laiſſoit la livre numéraire au même état qu'auparavant.

De quelque côté qu'on l'enviſage, on trouvera l'opération qu'on fit alors en Angleterre très-bonne. Si on avoit hauſſé l'argent, on auroit agi contre toute raiſon. Le Gouvernement Britannique ſe trouva embarraſſé dans le choix des deux différens partis qu'il y avoit à prendre dans la circonſtance. D'abord il demanda avis aux Officiers des Monnoies; mais il n'en put tirer aucune lumiere ſuffiſante. Il recourut au ſage & ſçavant Newton, qui eut bientôt terminé la queſtion, & découvert la vérité. Il décida qu'il falloit baiſſer l'or.

Défenſe du ſentiment du Chevalier Newton.

Nous croyons devoir relever l'erreur que certains Auteurs ont répandue dans le Public, ſur le fait dont il s'agit. Ils diſent qu'en baiſſant l'or, au lieu de hauſſer l'argent, on a fait perdre des millions à l'Angleterre. Mais il y auroit à ſouhaiter qu'ils expliquassent comment. On ne voit pas que cette opération ait pu faire sortir de l'Angleterre une partie de l'or & de l'argent qu'elle avoit chez elle, ni l'empêcher d'en attirer de chez l'Etranger. Si cet inconvénient ne s'est point ensuivi de son opération, ce n'est donc que numérairement qu'elle a perdu des millions. C'est-à-dire, que la masse d'or & d'argent étant restée la même, après cette opération, l'Angleterre a exprimé la valeur de cette masse par un nombre plus petit qu'elle n'auroit fait, si elle avoit haussé l'argent. Mais en prenant la chose sous ce point de vue, il faudroit expliquer en quoi les noms peuvent influer sur les choses. Nous appellons (24 ₶) une quantité d'or que les Anglois appellent (1 ₶). En sommes-nous beaucoup plus riches qu'eux, dans la réalité, parceque nous l'emportons de beaucoup ſur eux parlà en richeſſes numéraires?

Lorſque ces Auteurs diſent que l'Angleterre ſe ſeroit trouvée numérairement plus riche, ſi elle avoit hauſſé ſes eſpéces d'argent, peuvent-ils s'abuſer au point de croire avoir fait en cela une découverte? Qu'eſt-ce qui ne le ſent pas d'abord? Le Chevalier Newton ne l'ignoroit certainement pas; mais il ſçavoit auſſi que l'augmentation de la richeſſe numéraire ne produit abſolument rien. Si cela n'étoit pas d'une vérité conſtante, tout Etat pourroit s'enrichir tant qu'il le voudroit. Il n'en eſt aucun, qui, par un ſimple Edit, ne pût porter en un inſtant ſes richeſſes numéraires au décuple & au centuple. Il ne lui en coûteroit qu'un acte de ſa volonté; mais ſon opération ne changeroit abſolument rien à la réalité des richeſſes qu'il poſſéde.

Ce qu'il y a de plus étrange, c'eſt le motif que ces Auteurs prêtent à M. Newton, pour décider le baiſſement de l'or. Suivant l'idée qu'ils s'en ſont faite, c'eſt parceque M. Newton a cru devoir regarder l'or comme *Marchandiſe*, & l'argent comme *Monnoie.* Mais ſe peut-il que quelqu'un, qui a reflechi ſur ces matieres, regarde tout ce qui n'eſt pas monnoie factice autrement que comme marchandiſe? Et y eût-il cent ſortes de métaux employés aux monnoies, ces métaux ne ſeroient-ils pas tous auſſi marchandiſe & auſſi monnoie l'un que l'autre? Dans une affaire où il y avoit tant de bonnes raiſons, pour déterminer un homme fait pour ſçavoir ſur quoi il ſe décidoit, peut-on ſuppoſer que le célèbre Newton se soit rendu à une si mauvaise? Il est assez amusant de voir un de ces Auteurs terminer sa critique sur l'opération du Philosophe Anglois, par cette exclamation placée si à propos: *Tant il est vrai qu'on peut être grand Geométre, & mauvais homme d'Etat!* Mais quittons ce sujet, & considérons le mouvement des métaux sous un autre point de vue.

Si c'est la masse du métal le plus précieux qui décroît, & qu'on n'en augmente pas la valeur, on fait quelque tort aux débiteurs; parcequ'alors, ou la masse totale des espéces en reste diminuée, ou le métal le moins précieux, remplissant les vuides du premier, augmente de prix de quelque chose par son plus d'usage. Mais si le métal le plus précieux augmente, en ne le baissant

baissant pas, on fait beaucoup de tort aux Créanciers.

CHAP. V.

Pour rapprocher la valeur numéraire de deux métaux qui varient entr'eux, il faut opérer sur celui dans la masse duquel la variation est arrivée.

En général, lorsqu'on veut rapprocher de valeur deux métaux qui ont varié entr'eux, on doit opérer sur celui dans la masse duquel la variation est arrivée; puisque c'est lui qui, considéré comme marchandise, a réellement changé de prix, & que la marque qui le rend monnoie, ne doit pas lui en ajouter davantage, qu'aux autres métaux qu'on marque pour le même usage.

Il est bien plus difficile de doubler une grande masse, qu'une petite. De-là les métaux les plus communs doivent toujours avoir une valeur plus fixe. Si l'on avoit découvert au Pérou, si l'on avoit découvert même en Europe des mines de cuivre aussi fécondes & aussi aisées à exploiter, que celles d'argent qu'on a trouvées

Chap. V.

dans ce nouveau Royaume, le cuivre auroit incomparablement moins baissé de valeur que n'a fait l'argent. Si la masse de cuivre est quarante fois plus grande que celle d'argent, il faudra tirer quarante fois plus de métal pour la doubler, & pour la faire baisser de moitié. D'ailleurs les frais de transport & d'exploitation auroient été les mêmes; & le cuivre en devenant moins cher, auroit été employé à mille nouveaux usages auxquels on ne peut pas employer l'argent, eu égard à la cherté dont il est encore.

Lorsqu'on ne peut pas distinguer nettement quel est le métal qui a éprouvé de la variation, on doit toujours opérer sur le plus précieux;

De cette valeur plus fixe des métaux, qui sont les plus communs, il s'ensuit que lorsqu'on a quelqu'incertitude sur les causes de la mutation de valeur rélative de deux métaux à monnoyer, il faut, pour rétablir l'ordre, opérer de préférence sur le plus précieux, surtout lorsqu'il s'agiroit de le baisser.

Pour éclaircir entiérement la question, je crois devoir faire observer que, quand il faut changer la proportion de valeur de deux métaux, on ne doit nullement avoir égard à la quantité plus ou moins grande des espéces qui sont fabriquées de l'un & de l'autre, ni à la quantité de livres numéraires que représente leur somme. Si dans un Etat, où il y a pour douze cens millions de monnoies, dont un milliard en argent, & deux cens millions en or, la masse d'argent vient à doubler, nous pensons que c'est la valeur des espéces d'argent qu'il faut changer, & non celle d'or, quelque disproportion qui doive se trouver dans le mouvement que causeroit l'opé-

CHAP. V.

ration. C'eſt une ſuite évidente de ce que nous venons d'établir auparavant.

Principes généraux ſur les opérations des monnoies.

On voit par tout ce qui a été dit dans ce Chapitre, que pour que le Gouvernement pût être maître de la valeur des eſpéces, il faudroit qu'il pût être maître de leur nombre. Ne pouvant pas l'être, tous les coups d'autorité qu'il peut porter ſur les monnoies, n'auront qu'un effet momentané; & les eſpéces qu'il voudra accréditer, viendront bientôt à n'avoir cours, que pour ce qu'elles ont de valeur intrinſéque. Le déſordre qui ſuit de ces coups d'autorité, fait payer cherement à ceux qui les portent, le profit qu'ils y trouvent dans les premiers inſtans.

On voit encore que le hauſſement des eſpéces, l'altération de leur titre & l'accréditement des monnoies factices, seroient à perte pour le Prince, s'il ne haussoit numérairement l'impôt à proportion qu'il fait baisser la valeur de la livre numéraire.

Fin du premier Volume.

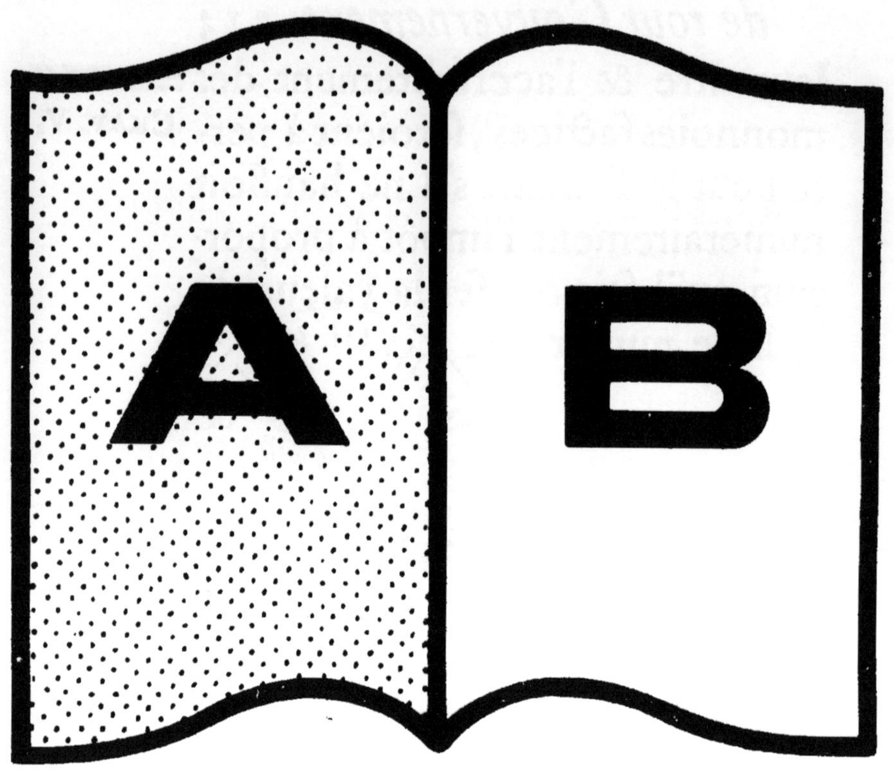
A
B

www.ingramcontent.com/pod-product-compliance
Ingram Content Group UK Ltd.
Pitfield, Milton Keynes, MK11 3LW, UK
UKHW021854190726
13855UKWH00001B/306